JN242137

TOTTORI

47 都道府県ご当地文化百科

鳥取県

丸善出版 編

丸善出版

は旧来のものにさらに「北海道」が加わり、平安時代以来の陸奥・出羽の広大な範囲が複数の「国」に分割される。政治上では、まずは京・大阪・東京の大都市である「府」、中央政府の管理下にある「県」、各大名家に統治権を返上させたものの当面存続する「藩」に分割された区分は、大名家所領を反映して飛び地が多く、中央集権のもとで中央政府の政策を地方に反映させることを目指した当時としては、極めて使いづらいものになっていた。そこで、まずはこれら藩が少し整理のうえ「県」に移行する。これがいわゆる「廃藩置県」である。これらの統合が順次進められ、時にあまりに統合しすぎて逆に非効率だと慌てつつ、1889年、ようやく1道3府43県という、現在の47の区分が確定。さらに第2次世界大戦中の1943年に東京府が「東京都」になり、これでようやく1都1道2府43県、すなわち「47都道府県」と言える状態になったのである。これが現在からおよそ80年前のことである。また、この間に地方もまとめ直され、京都を中心とみるのではなく複数のブロックで扱うことが多くなった。本シリーズで使っている区分で言えば、北海道・東北・関東・北陸・甲信・東海・近畿・中国・四国・九州及び沖縄の10地方区分だが、これは今も分け方が複数存在している。

だいたいどのような地域区分にも言えることではあるのだが、地域区分は人が引いたものである以上、どこかで恣意的なものにはなる。一応1500年以上はある日本史において、この47都道府県という区分が定着したのはわずか80年前のことに過ぎない。かといって完全に人工的なものかと言われれば、現代の47都道府県の区分の多くが旧六十余州の境目とも微妙に合致して今も旧国名が使われることがあるという点でも、境目に自然地理的な山や川が良く用いられているという点でも、何より我々が出身地としてうっかり「○○県出身」と言ってしまう点を考えても（一部例外はあるともいうが）、それもまた否である。ひとたび生み出された地域区分は、使い続けていればそれなりの実態を持つようになるし、ましてや私たちの生活からそう簡単に逃れることはできないのである。

＊　＊　＊

各都道府県ごとにまとめ直す、ということは、本シリーズにおいては「あえて」という枕詞がつくだろう。47都道府県を横断的に見てきたこれまでの既刊シリーズをいったん分解し、各都道府県ごとにまとめることで、私たちが「郷土性」と認識しているものがどのようにして構築されたのか、どのように認識しているのかを、複数のジャンルを横断することで見えてくるものがきっとあるであろう。もちろん、47都道府県すべての巻を購入して、とある県のあるジャンルと、別の県のあるジャンルを比較し、その類似性や違いを考えていくことも悪くない。あるいは、各巻ごとに精読し、県の中での違いを考えてみることも考えられるだろう。

ともかくも、地域性を考察するということは、地域を再発見することでもある。我々が普段当たり前だと思っている地域性や郷土というものからいったん身を引きはがし、一歩引いて観察し、また戻ってくることでもある。有名な小説風に言えば、「行きて帰りし」である。

本シリーズがそのような地域性を再発見する旅の一助となることを願いたい。

2024年5月吉日

執筆者を代表して
森岡　浩

目　　次

【注】本書は既刊シリーズを再構成して都道府県ごとにまとめたものであるため、記述内容はそれぞれの巻が刊行された年時点での情報となります

鳥取県

知っておきたい基礎知識

- 面積：3507 km²
- 人口：53万人（2024年速報値）
- 県庁所在地：鳥取市
- 主要都市：米子（よなご）、倉吉（くらよし）、境港（さかいみなと）
- 県の植物：ダイセンキャラボク（木）、二十世紀梨の花（花）
- 県の動物：オシドリ（鳥）、ヒラメ（魚）
- 該当する令制国：山陰道伯耆国（ほうきのくに）（西部、鳥取市西の境界よりも西）、因幡国（いなばのくに）（東部）
- 該当する大名：鳥取藩（池田氏）
- 農産品の名産：二十世紀梨、ラッキョウ、和牛、スイカなど
- 水産品の名産：ベニズワイガニ、シロイカ、トビウオなど
- 製造品出荷額：7413億円（2020年経済センサス）

●県　章

鳥取県の「鳥」に姿を似せて、「とっとり」の頭文字である「と」を図案化したもの。

●ランキング1位

・ちくわの購入金額　総務省家計調査をもとにまとめた鳥取県の公表によれば、3479円である。鳥取県にはトビウオ（あご）のすり身で作った「あごちくわ」や、すり身と豆腐とを混ぜ合わせて成形した「とうふちくわ」という、ちくわの郷土料理が存在する。このほか、カニの消費量やハタハタの漁獲量も多いなど、日本海の水産物の飲食が盛んな県である。なお、「とうふちくわ」について、初代鳥取藩主の池田光仲が、当時漁港が少なく貴重だった魚の使用を控えて質素倹約のために豆腐を推奨したことがきっかけである、という伝承があるが、少なくとも彼が現代鳥取港につながる賀露港の鳥取城下町外港としての整備に先鞭をつけたことは確かである。

●地　勢

中国地方の北側、日本海に面した山陰地方の中でも東側を占める県である。中部東よりの三徳山（みとくさん）を大きな境界として古くは東の因幡（いなば）と西の伯耆（ほうき）に分けたが、伯耆については、そのなかほどに張り出した中国地方最大の高山である大山（だいせん）によってさらに東と西に分けることもある。これらの各地域にはそれぞれ千代川（せんだいがわ）、天神川（てんじんがわ）、日野川（ひのがわ）が形づくった平野が形成されており、各中心地である鳥取、倉吉（くらよし）、米子（よなご）もその平野にある。

大山をはじめ各平野の境界付近にある山は海にまで迫っていたり、すそ野が張り出していたりするものが多く、平地の占める割合は県全体としては少ない。これら山と海の境界には、県東境の岩美町（いわみちょう）にある山陰海岸などのように岩場が占めることも多い。一方で平野の下流部には中国山地からの土砂によって砂浜やラグーンが形成されており、大きなものには西側で島根県との県境にある中海（なかうみ）や、因幡地域の西部にある湖山池（こやまいけ）などがある。砂浜の中で特に有名なのは観光地でもある鳥取砂丘（とっとりさきゅう）だろう。また、中海をふさぐように伸びる弓ヶ浜半島（ゆみがはまはんとう）も、中世までは島だったものが日野川の土（ど）砂堆積（しゃたいせき）によって現在のような半島になったといわれている。この半島の先端に境港（さかいみなと）がある。

なお、米子を中心とした伯耆地域西部の一帯は交通の便などもあり、隣接する島根県出雲地域（いずもちいき）との経済・文化的つながりが深いため、雲伯地域（うんぱくちいき）と合わせて呼ばれることもある。近年ではこの一帯の市町村の協力も多い。

●主要都市

・鳥取市　戦国時代に築城、江戸時代初頭に整備された鳥取城の城下町を直接の起源とする県庁所在地。ただし近年の合併により、その市域は因幡北部地域の大半を占める形に大きく拡大した。千代川の東側には有名な鳥取砂丘がある。なお、城下町にあたる旧市街地は、1952年に発生した鳥取大火によって約2/3を焼失しており、被災者24000人、負傷者3000人以上を数える大災害となった。これを契機に、復興にあたっての耐火建築の整備や水道の再整備などがすすめられた。

・米子市　江戸時代初頭に築かれた城下町に直接の由来を持つ、伯耆地域の中心都市。水深はやや浅いが中海の奥にあることから波風が穏やかな山陰屈指の良港として、また特産の鉄や米、木綿（もめん）の集散地として商都となり、「山陰の大坂」の異名も取った。現在でも島根県松江市などと合わせて、中海沿岸地域は山陰地方では最も人口が集中する一帯である。

・境港市　伯耆地域の弓ヶ浜半島突端にある港町。中海の出入り口を占め、かつ島根半島によって波の穏やかな良港として戦国時代後期から発展した。近代には海外貿易港となり、また鉄道が早くに開通するなど、山陰地方でも早くから交通が整備された箇所となっている。水木しげるの出身地としても有名。

・倉吉市　伯耆地域東部、県全体の中央付近に位置する小都市。古くは室町時代に伯耆守護所がおかれ、江戸時代にも一帯の行政・商業の拠点として繁栄した。赤瓦（あかがわら）の街並みが特徴。市の北に隣接する北栄町には、漫画『名探偵コナン』の作者の出身地として近年大勢の観光客がつめかけている。

●主要な国宝

・三佛寺投入堂（さんぶつじなげいれどう）　倉吉平野と鳥取平野を分ける三徳山の倉吉側にあり、平安時代から山岳信仰の霊場として知られている三佛寺には、上から岩場が張り出している崖の中途に、まるで投げ入れたかのように作られたお堂が存在する。この堂はそのために、有名な役小角（えんのおづぬ）という行者が法力で投げ込んだという伝説を持っていてその名がついた。なお、到達は非常に危険で、参拝はあくまでも修行という位置づけであり、かつ死者も出ているため、くれぐれも注意されたい。

・絹本著色普賢菩薩像（けんぽんちゃくしょくふげんぼさつぞう）　因幡地域南部の智頭（ちづ）にある豊乗寺（ぶじょうじ）に伝えられて

きた、平安時代の普賢菩薩の絵（現在は東京国立博物館が保管）。金銀の装飾が各所に用いられた優美な姿は、この時代を代表する作品とされる。平安時代の鳥取県は先述の三徳山や大山、また氷ノ山をはじめとして山岳信仰が盛んであり、この寺も平安時代に特に栄えていた。

●県の木秘話

・ダイセンキャラボク　日本海側に広く見られるイチイ科の低木キャラボクのうち、大山に見られるものを指す。特に山頂付近には、国内最大の群落がある。

・二十世紀梨　県の花となっている二十世紀梨の木の品種は、1888年に千葉県松戸で発見されたバラ科の品種で、20世紀になれば梨の代表格になるだろう、という期待からこの名がつけられた。鳥取県には明治時代に移入され、特に傾斜地が多い倉吉などの中部地域や因幡地域南部で生産が盛んである。その親しまれぶりは第二次世界大戦前に、湖山池の近くに二十世紀梨の木をご神体とする神社が建立されたほどであった。

●主な有名観光地

・鳥取砂丘　鳥取市の北側、浜坂地区の一帯にある国内最大級の砂丘であり、千代川の堆積物によって作られたもの。日本でも屈指の景観故に、風紋や砂の像を求めて大勢のひとが訪れるが、暮らしてきた人からすれば海風によって飛んでくる砂は農業でも交通でも悩みの種であり、江戸時代にかけて街道を守るための植林や、瓜や梨などの砂丘に適した作物の開発が取り組まれてきた。

・山陰海岸　因幡地域の浦富周辺に延びている広大なリアス海岸で、隣県の兵庫県但馬地域まで続いている。岩や木々が織りなす風景は絶景として知られている。

・三朝温泉　三徳山の倉吉側麓にあって、早くは平安時代から知られていた名湯。ラドンが多いことで知られている。比較的交通が不便ではあるが、近年はそのことと、ラドンによる微量な放射線がもたらす健康効果をもとに、湯治場としてアピールしている。

・大　山　伯耆大山とも呼ばれる、中国地方の最高峰であり、この地方の山岳信仰の中心地である。江戸時代までは多くの堂舎を抱えていた大山寺をはじめとして、歴史ある建物も多く、伝説では出雲の国引き神話に、国を引くための縄を止めた杭とさえ言われている。

●文　化

・妖怪と民話　境港市は妖怪漫画の草分けとして有名な水木しげるの出身地であり、市内には彼の描いた妖怪をモチーフにした銅像なども多数ある。彼が描いた妖怪は日本全国に分布がわたっているため、鳥取県に特徴的なものを一つあげると「多鯰ヶ池（たねがいけ）のお種」。鳥取砂丘のほとりにある多鯰ヶ池の大蛇が美女に化けて人里に降りるが、正体がばれて池に戻る、という説話である。鳥取県にはこのような砂丘でふさがれた池がいくつかあり、このような池に伝わる伝説としてもう一つ、広い田の田植えを一日で終えようとして長者が太陽の運行を逆転させたために、天罰を受けて田んぼが一面の池に代わってしまい、それが今の湖山池なのだという「湖山長者」の伝説がある。

・伯耆の木綿　江戸時代に伯耆西部の弓ヶ浜で急速に広まった木綿栽培は、中国地方の他地域からの種の移入を経て、戦前後期以降に輸入綿との競争に負けて衰退するまで伯耆の主要産業として栄え続けた。現在ではオーガニックコットンとしての復活が試みられている。この綿を元にした伝統産業には、弓浜絣（ゆみはまがすり）や倉吉絣（くらよしかすり）がある。

・因州和紙（いんしゅうわし）　因幡地域西部の山岳地帯である青谷（あおや）や佐治（さじ）のあたりは和紙の産地として知られている。記録上、奈良時代に因幡からの紙の献上の記録があり、また江戸時代にもかなり生産はあったようだが、現在のように書道や書画の用紙として最高級といえるまでの評価を得たのは、明治時代に紙漉（かみす）き技法の改良を外部から学び取り入れて以降のことである。因幡南部から西部につらなる山岳地帯の産品としては、他に智頭杉が知られている。

●食べ物

・ベニズワイガニ・ズワイガニ　日本海の深海で獲れるカニは古くから鳥取の名産として知られ、早くも18世紀後半には、鳥取藩主が隣接する津山藩（岡山県）への贈り物として「松葉ガニ」を選んだ、という記録がある。なお、「松葉ガニ」は定義上、ズワイガニの雄を指す。

・ラッキョウ　鳥取県域に広がる砂丘地帯は、農業においては水捌けがよすぎて水田などの耕作地を開くのに不向きな上に、季節風や海風による飛砂が既存の農地にも堆積し貴重な農地をつぶしかねず、対策が江戸時代以来の課題であった。用水路の開発や、砂丘内の各所にある池（ラグーン）の干拓による新田開発と並行して重視されたことが、砂丘でも育つ農産物の開発であり、ラッキョウもその一つである。言い伝えによれば、中国から移入されて江戸の小石川薬草園（幕府運営）で栽培されていたその苗を、参勤交代の際に鳥取へと持ち帰ったことが始まりとされている。砂丘ではやがて長芋や白ネギ、ブドウやスイカといった様々な作物、しかも鳥取県の名産となるものが数々の移入によって栽培されるようになった。今や鳥取大学の乾燥地農業研究センターをはじめとして、砂漠・乾燥地帯での農業研究の拠点としても知られるようになっている。

●歴　史

•古　代

現代でも東側の沿岸部は峻険で、陸路での外部との行き来がやや険しい鳥取県では、古代から日本海を通じた交流がおそらく多かったと考えられている。西部の伯耆地域は出雲の勢力に近いもしくはその領域の一部であったとみられ、淀江町では弥生時代から古墳時代の遺跡が多数あるが、これはラグーンのほとりに住んでいた人々のもので、またとなりの出雲同様の玉造（ヒスイなどの玉の加工）の遺物が発見されている。また伯耆・因幡を問わず古墳の多くが丘や平野に密集していることは、鳥取県の大きな特徴となっている。

この点については、沿岸部の地形にも要因がある。現在でも湖山池などいくつかのラグーンがあるが、鳥取県内には当時多数のラグーンや湿地があったらしい。このため水鳥も多く、近畿地方の朝廷の勢力下に因幡地域が入った際、鳥取部（鳥を捕まえて献上することを義務とされた民）が鳥取市中央部近くの久松山のあたりに置かれたという。これを鳥取県の県名の由来とすることも多い。

ともかく、7世紀までには因幡と伯耆を分ける概念は成立しており、そのまま令制国が設置された。因幡の国府は鳥取平野の南東の山すそに、伯耆の国府は倉吉平野に置かれていた。さらにこれに加えて伯耆では、中海に面した日野川流域も一つの中心であった。日野川流域は出雲に近いことに加え、古くから大山への信仰が盛んであったために、人も集まっていたのである。このため、比較的まとまりがある因幡に対して、伯耆はその後も倉吉平野と米子平野で別々の勢力が出ることがたびたびあった。また伯耆は出雲と同様に当時の鉄の大産地としても知られていた。

●中　世

他地域同様に、荘園は各国に広がっていくが、伯耆に多数の荘園が成立したのに対して、因幡にはあまり荘園がなかったことで知られている。原因はわからないものの、平安時代以来の国府を中心とした統制が機能していたらしいのだが、承久の乱以降は新たな地頭や御家人が東から入る。

その伯耆に急な事件が起こるのは、1333年に隠岐に流されていた後醍醐天皇が島を脱出し、伯耆沿岸部の豪族として知られていた名和氏の手引きで大山近くの船上山に立てこもったことである。豊かな伯耆国だけに兵糧も豊富で、鎌倉幕府方の討伐軍も対処することが難しく、この予想外の苦戦が足利尊氏の反乱とそれに伴う鎌倉幕府の滅亡へとつながっていった。

とはいえ、南北朝の内乱のために名和氏は勢力を維持できず、室町時代にはもっぱら山名氏が守護職を務める。山名氏は一時「六分一衆」（令制国66か国のうち11か国の守護職をにぎったことから）と呼ばれるほどの勢威を見せ、また何回かの勢力削減策を受けてもなお多数の国々の守護を務めたが、応仁の乱で西軍の大将となって以降、一族での内紛も相次ぎ、戦国時代には国内の豪族への統制も弱まった。ついには隣国出雲に台頭した尼子氏によって圧迫され、伯耆の主要な勢力は尼子氏に従うことになる。その少し後には勢力を拡大する安芸の毛利氏が出雲から伯耆に進出するなど戦乱がやまなかった。西伯耆には日野川を通じて備中（岡山県西部）、ひいては山陽方面に抜ける主要街道があるうえ、中国地方で当時盛んだったたたら製鉄の拠点の一つでもあったために、各勢力の争奪の場となった。それでも山名氏は因幡とその隣の但馬（兵庫県北部）を支配し、戦国時代中盤の1542年には但馬で生野銀山の開発に本格的に乗り出すなどの動きを見せた。しかし、近畿地方から織田家、特に羽柴秀吉の軍が侵攻。因幡・但馬の両国は織田家の勢力下となり、伯耆は毛利家の勢力圏となった状態でいったん安定することになる（なお、この織田家侵攻の際、鳥取城では後年にまでその悲惨さが伝えられる兵糧攻め、通称「飢え殺し」が行われた）。このような状況下で、伯耆には毛利家の重臣により米子城の原型が築かれ、また鳥取城には秀吉の重臣が配されている。

だが、関ヶ原の戦いで両者は領地の転封と改易を受けることとなる。

●近　世

そのあとには鳥取に池田氏、米子に中村氏が入ったが、中村氏は改易され、後を継いだ加藤氏もすぐに転封になったこともあり、因幡・伯耆の両国は当時徳川家の信任が厚かった池田氏の領地となる。かくして鳥取藩がほぼ現在の鳥取県域を領域として成立し、鳥取市街地も整備して幕末まで続くことになった。

鳥取藩の特徴としては、家臣を要所に派遣してその領域内での裁量を家臣に任せる「自分手政治」がよく触れられる。このため現代でも倉吉や米子、浦富といった町では町割などに城下町の性格も持つようになった。城下の鳥取に加え、倉吉や米子は鉄の集散地、また江戸時代の後半になると木綿の生産とその織物とで栄えた。鳥取砂丘や弓ヶ浜をはじめとして平野に水はけのよい砂地が多い県域は木綿生産に適していたのである。これらの産品は、因幡であれば千代川河口の賀露港、伯耆であれば米子港や境港から、西廻りの日本海海運に乗って大阪方面へと移出された。一方、陸路は旧来の山陰道や、姫路方面に出るように整備された智頭往還があって参勤交代にも利用されたが、いずれも険しい道であった。

また、諸藩の多分に漏れず財政難や飢饉も記録がある。特に深刻だったのは、1836年ごろに全国で発生した「天保の大飢饉」の際のことで、鳥取では「申年がしん」として、あまりにも多数の死者が出たことが記録されている。また、幕末には沿岸各地に台場（大砲の置き場、つまり防衛拠点）が数々築城された。

●近　代

鳥取藩は有力な藩であり、最後の藩主も幕末の政局にたびたび介入しているが、最終的には戊辰戦争では新政府方として推移する。

その後、廃藩置県に伴い、1871年に藩領全域および隠岐諸島をもって鳥取県が設置された。ところが、1876年に鳥取県全域が島根県に合併される。この流れ自体は各地で行われていたものだが、事実上旧山陰道の半分以上を占める県の成立はあまりに広すぎ、特に鳥取市側の反発を招いた（米子や倉吉あたりだと逆に島根県庁がある松江の方が近いために、再設置反対派もいた）。この中での再設置運動も相まって、1881年に鳥取県は現在の県域で再設置された。

これ以降の鳥取県は、主には農業県としての歴史を歩む。山陰地方ではこの時期、近畿との陸路整備がなかなか進まず、戦前のかなり後期に至るまで舞鶴から境港まで船で移動していくというのが山陰地方に向かうメインルートだった。そのため、山陰本線の開通や、さらに後のことになるが1990年代の智頭急行の開通は県と外部との交通を大幅に改善した。

ただ、本県が抱えるそもそもの交通の便の悪さもあり、全体的には人口は減少傾向、かつ面積の小ささもあり人口は全国最小の県である。近年ではとうとう、参議院選挙において「一票の格差」是正のため、2016年に島根県と鳥取県の選挙区を合わせて一つの選挙区としたことが大きな話題となった。

それでも鳥取砂丘をはじめとした観光地も存在し、また近年では水木しげるによる妖怪漫画や、同じく鳥取県出身の漫画家である青山剛昌を知ったことをきっかけに訪れる観光客もインバウンドを含めて一定数いる。また、交通の不便さを逆手にとったアピールも多く、2015年までなかったスターバックスコーヒーについて「スタバはないがすなばはある」という知事の発言がきっかけで生まれたご当地コーヒーチェーンや、三朝(みささ)温泉の保養地としての取り組み、また大山・三徳山などのレジャーも注目されている。

【参考文献】
・内藤正中ほか『鳥取県の歴史』山川出版社、2015

I

歴史の文化編

遺　跡

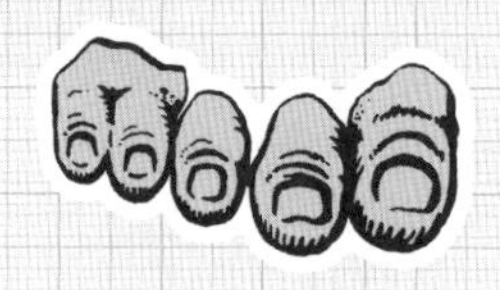

上淀廃寺跡（塑像片「菩薩足指」）

地域の特色

鳥取県は、中国地方日本海側の東部に位置する。東は兵庫県、西は島根県、南は中国山地を境として岡山県、広島県に接している。南部を中心に海抜1,000m級の山間地帯が分布し、北部には、日本海に面して、千代川（せんだいがわ）、天神川（てんじんがわ）、日野川（ひのがわ）の沖積平野が展開する。鳥取、倉吉、米子の各平野が開けており、湖山池、東郷池などの潟湖がある。総面積の約8割が標高100m以上の土地であり、中国山地の分水嶺が日本海側に寄っているため、その北斜面に位置する本県の山地は勾配が大きい。特に、西部には中国地方随一の高峰大山がそびえ、かつ山間部の日野地方と日本海に突出する砂浜弓浜半島（ゆみがはまはんとう）がある。

鳥取平野千代川の河口に広がるのが著名な鳥取砂丘である。鳥取県の沿岸は海岸砂丘が発達する傾向にあり、その後背地にはラグーン（潟湖）を伴っていた。加えて、縄文時代前期には気候温暖化現象での海進などの環境安定化もあり、海岸域や河川流域に居住する傾向がうかがわれる。弥生時代には、低湿地域から乾燥地域の沖積地に遺跡が波及し、山地を含め全県下の各地域に遺跡が分布する。遺跡数は1万8,000カ所を超え、日本海側では最も多い。

県域は古代においては東部に旧因幡国（きゅういなばのくに）、西部に旧伯耆国（きゅうほうきのくに）が位置した。伯耆国は鎌倉時代、六波羅探題南方（ろくはらたんだいみなみかた）（北条氏）が守護を兼ねており、室町時代には山名氏が守護を世襲した。江戸時代以降は、米子、黒坂、倉吉、八橋に藩が置かれて分割支配されたが、1617（元和3）年以降は池田氏が領有することとなる。因幡国は南北朝の争乱から以降は但馬国を本拠とする守護山名氏一族の勢力下に置かれた。戦国期には出雲の尼子氏、安芸の毛利氏の来襲を受け、守護の勢力は次第に弱まり、羽柴秀吉（はしばひでよし）の手で攻略された。関ヶ原の戦の後は、大名の転封・改易が行われ、1617年以後は、因幡国・伯耆国32万石は池田氏の領地となった。

1871年7月の廃藩置県で、旧藩領の因幡・伯耆両国と播磨国（はりまのくに）神東・神西・

凡例　史：国特別史跡・国史跡に指定されている遺跡

印南3郡内24カ村とを包括した鳥取県が置かれたが、播磨の村々は姫路県領となり、隠岐国は鳥取県となった。1876年、鳥取県は島根県に併合された。1881年9月鳥取県が再置され、因・伯両国一円を管轄し、今日に至っている。

主な遺跡

青谷上寺地遺跡（あおやかみじち）

＊鳥取市：青谷平野の勝部川と日置川に挟まれた標高2.5〜4.2mに位置　**時代** 弥生時代　**史**

国道および県道建設に伴い、第1次調査が1998〜2001年にかけて、約5万5,000m²を対象として実施された。遺跡は集落拠点である中心域とその外域である水田域から構成されている。中心域では掘立柱建物7棟をはじめ、土坑や溝、水田跡なども検出された。特に、木製品や自然遺物の保存状態が良好で、鉄製・石製の加工具や石器・骨角器・玉類の未製品や素材、鍛冶関連遺物などが顕著に出土するなど、手工業生産の場であったと考えられる。また、舶載の鉄器や中国の貨幣である貨泉（かせん）、ヒスイ製勾玉（せいまがたま）、碧玉（へきぎょく）やサヌカイトの原石などの交易品、吉備や北近畿・北陸などからの搬入土器も認められ、物流拠点としての性格もうかがわれる。

特に木製容器については、近年の研究成果により、九州から山陰・北陸にかけての日本海沿岸地域における桶形容器（おけがたようき）や花弁状の陽刻を施した高杯（たかつき）、刳物桶（くりものおけ）の意匠の共通性などもうかがわれる。また集落中心域の東側からは弥生時代後期と考えられる約5,300点の人骨が検出され、殺傷痕の認められる骨も多数検出された。脳も3点発見され、世界的にも貴重な資料が得られたとして話題となった。なお、卜骨集積遺構（ぼっこつしゅうせきいこう）は慶尚南道勒島（キョンサンナムドヌクト）遺跡での検出例とも共通点が認められ、環日本海域を舞台とした広範な地域間交流にも関与していた可能性が指摘されている。2008年に国指定史跡となった。

妻木晩田遺跡（むきばんだ）

＊西伯郡大山町：美保湾を一望する標高90〜150mの丘陵に位置　**時代** 弥生時代中期末〜古墳時代前期初頭　**史**

1995〜98年にかけて、ゴルフ場をはじめとした大規模リゾート開発計画に伴い、大山町・淀江町教育委員会により発掘調査が行われ、発見された。竪穴住居跡が420基以上、掘立柱建物跡が約500棟、墳丘墓（四隅突出型墳丘墓（よすみとっしゅつがたふんきゅうぼ）含む）が34基、環壕など、大規模な集落の様相が明らかになった。いわゆる「高地性集落」と呼ばれるもので、おおむね東側が居住地区、西側の丘陵先端が首長の墓域といった構成が想定されている。弥生時代後期終末以降では鍛冶（かじ）、玉作（たまつくり）、土器焼成などの活動が認められる。

特に松尾頭地区では、長辺6.8m、短辺3.4mの庇（ひさし）の付く掘立柱建物が検出され、「祭殿」と想定されている。加えて、大型竪穴住居から舶載鏡（はくさいきょう）が検出されたほか、線刻画を施した土器片なども認められており、祭儀などを行う特別な空間であったと考えられる。遺跡全体の面積は約170ha（ヘクタール）に及ぶと考えられ、現在約17haが調査されている。山陰地方のみならず、国内でも有数の規模を誇る集落遺跡として、1999年に国指定史跡となった。

阿弥大寺（あみだいじ）古墳群

＊倉吉市：国府川右岸の傾斜地、標高約70mに位置
時代 弥生時代後期～古墳時代
史

1979年、80年に農地造成工事に伴う発掘調査により、住居跡、土坑墓、掘立柱建物跡、四隅突出型の方形墳丘墓が3基発見された。1号は突出部を含めて東西17.8m、高さ0.8mと規模は3基中最大であり、墳丘には河原石で貼石（はりいし）が施されている。埋葬施設と思われる土坑は墳丘に2基、周溝状の法面に12基認められた。2号（7.8m〈突出部含む〉）、3号（8.8m〈突出部含む〉）で規模は小さい。いずれも壺、甕、器台といった供献（きょうけん）土器が出土し、多くが底部に穿孔（せんこう）を有している点が興味深い。

橋津（はしづ）古墳群

＊東伯郡湯梨浜町：馬ノ山丘陵、標高約107mに位置
時代 古墳時代前期
史

前方後円墳5基、円墳19基があり、馬ノ山（うまのやま）古墳群とも呼ばれる。著名なものは馬山4号墳で、全長100mと推定される山陰地方最大の前方後円墳である。竪穴式石室をはじめ、箱式石棺（はこしきせきかん）や埴輪円筒棺（はにわえんとうかん）が認められ、竪穴式石棺からは三角縁神獣鏡（さんかくぶちしんじゅうきょう）・画文帯神獣鏡（がぶんたいしんじゅうきょう）・方格規矩鳥文鏡（ほうかくきくちょうもんきょう）・内行花文鏡（ないこうかもんきょう）・変形盤龍鏡（へんけいばんりゅうきょう）の5面や石釧（いしくしろ）12、車輪石（しゃりんせき）3、硬玉勾玉（こうぎょくまがたま）1、管玉（くだたま）17、鉄製品などが出土した。また、人物を線刻（せんこく）した円筒埴輪片も検出されている。東郷池を中心として、当該地域の重要性を物語る古墳群として評価されている。なお、4号墳の前方部先端が切断されているが、これは近世幕末期に「橋津台場」建設のための土取り場とされたためである。

北山（きたやま）古墳

＊東伯郡湯梨浜町：東郷湖南岸に伸びる北山丘陵の先端部標高約30mに位置　時代 古墳時代中期
史

1966年に山陰考古学研究所により後円部の調査が行われ、竪穴式石槨と推定される遺構と箱式石棺の2つの主体部が確認され、長さ約1.7mの石棺からは人骨のほか舶載の龍虎鏡（りゅうこきょう）、刀、玉類などの副葬品が多数出土した。全長110m、後円部径70m、高さ12mで、山陰地方最大の前方後円墳である。葺石のほか円筒埴輪や鶏形埴輪の一部も認められている。古

墳時代前期に橋津古墳群に始まった東伯耆の大型古墳の系列は、北山古墳で途絶える。5世紀前半の築造と推定される。

空山古墳群

＊鳥取市：空山中腹、標高130～150mに位置
時代 飛鳥時代（6～7世紀）

戦後、壁画の存在が認識され、1979年度、80年度に調査が行われた。73基の古墳のうち、5基に壁画が認められた。石室形態は横穴式石室で、2号墳では盗掘より残置された須恵器、土師器、金環などが採取され、6世紀末～7世紀前半の築造の可能性が指摘されている。玄門上部の天井石に線刻で三角文と綾杉文、奥壁には鳥や綾杉文などが認められた。墳丘のよく残る10号墳では、大刀をさした武人立像が刻まれ、15号墳では天井石が原位置を保ち、持送りに積んだ石室の保存状態は良好である。玄室の3側面に線刻によって、木葉文、船、星状および船あるいは梯子状の文様が描かれる。同様の線刻壁画は周辺にも認められ、阿古山22号墳（鳥取市）では、空山15号墳と同様に船の線刻画7隻も刻まれており、興味深い。

上淀廃寺跡

＊米子市：米子平野の東、丘陵上標高約20mに位置
時代 飛鳥時代 史

1991年より発掘調査が行われ、国内最古級仏教壁画片が大量に出土した。5,300点を超える壁画断片を出土し、それらの3分の1以上に彩色が認められた。また、金堂および中・南塔周辺からも約3,800点の塑像片が出土しており、螺髪や足指など造形が確認できるものも多い。加えて出土した瓦からは、線刻された「癸未年」の干支銘が認められており、683（天武12）年にあたると考えられ、創建年代として比定されている。建物跡は南北12.7m、東西14.4mの金堂や東に1列に3つの塔を南北軸で配する設計は、日本の古代寺院においては類例がなく、この寺院の特徴といえる。平安時代中期には焼失したものと考えられている。

伯耆国庁跡

＊倉吉市：国府川左岸の丘陵、標高約40mに位置
時代 奈良時代～平安時代 史

1973～79年にかけて調査が行われた。国庁全体の区画は、東西273m、南北227mを測り、四方は溝によって囲まれていたものと考えられる。政庁域は東西84m、南北93mで南に門を配し、前殿、正殿、後殿を配し、東西にも脇殿があった。当初は掘立柱建物群であったが、後に礎石建物に改められたと考えられ、2回から4回の建替えがなされたものと想定されている。国庁跡の東には国分寺跡や国分尼寺跡もあり、古代伯耆の中心地であったことがうかがわれる。

因幡国庁跡（いなばこくちょうあと）

＊鳥取市：袋川の扇状地である法美平野中央部、標高約13mに位置 **時代** 奈良時代〜平安時代 史

1977年の調査によって、平安時代前期の正殿と考えられる桁行5間、梁行2間の掘立柱建物群が検出されたほか、掘立柱建物約10棟が検出されている。墨書（ぼくしょ）土器や886（仁和2）年の文字が認められた木簡、硯（すずり）などの官衙（かんが）跡を示す遺物が発見されている。規模は確定されていないが、おおむね東西150m、南北200mに広がるものと考えられている。因幡国分寺跡も近くから発見されているほか、近年の圃場整備（ほじょうせいび）以前には、6町四方の方角地割りによる条里制の痕跡も認められ、古代因幡の中心地であったことがうかがわれる。因幡万葉歴史館や公園整備がなされている。

国宝／重要文化財

経筒

地域の特性

中国地方の北東部に位置し、北側が日本海に面している。大部分を山地が占め、南側の中国山地から北の日本海に向かって急傾斜している。中国山地に発して北へ日本海に流入する千代川、天神川、日野川の流域に、それぞれ鳥取平野、倉吉平野、米子平野が広がる。県東部の鳥取平野では城下町が発展し、近代的工業化が進んで人口も多い。また二十世紀梨の全国的産地でもある。県央部の倉吉平野では果樹、野菜、畜産など多角的な農業経営が行われ、観光資源として温泉地がある。県西部には伯耆富士と呼ばれる大山がそびえ、米子平野では地元産の綿、木材、和鉄の集散地から商工業都市が発展した。県西端の境港は、漁港また貿易港として山陰の要港である。

三方を山に囲まれて北は日本海に面し、境港以外にさほど良港がなかったが、青谷上寺地遺跡、妻木晩田遺跡、上淀廃寺跡など朝鮮半島や日本各地との交流を示す遺跡が多い。古代律令制の国司として、歌人で有名な大伴家持、在原行平、山上憶良が着任した。南北朝時代に山名時氏が勢力を伸ばしたが、その後山名氏は衰退し、豊臣秀吉によって完全に平定された。江戸時代には池田氏の鳥取藩32万石が置かれた。明治維新の廃藩置県で鳥取県が設置されたが、1876年に島根県に併合されて消滅し、1881年に再設置された。

国宝／重要文化財の特色

美術工芸品の国宝は2件、重要文化財は35件である。建造物の国宝は1件、重要文化財は17件である。山岳宗教の発達した大山寺と三仏寺、古刹の豊乗寺に国宝／重要文化財が多い。また江戸時代の民家も比較的多く保存されている。

凡例　●：国宝、◎：重要文化財

◎野口1号墳出土須恵器　倉吉市の倉吉博物館で収蔵・展示。古墳時代後期の考古資料。古墳祭祀用の須恵器で、装飾の施されたものが含まれていた。野口1号墳は倉吉市志津の尾根上に所在した全長約30mの前方後円墳で、圃場整備事業に伴い1988年に発掘調査された。横穴式石室が確認されたが、すべての石材は抜き取られていた。石室入口の開口部前面の周溝から多量の須恵器が出土した。装飾子持壺付装飾器台1個、七連坏付装飾器台2個、坏9個、蓋8個、提瓶2個、高坏3個、𤭯1個、壺2個からなる。装飾子持壺付装飾器台は高さ48.4cmで、壺とその下にある器台に装飾が施されていた。壺の肩部に3個の小壺が配され、さらに小壺と小壺との間に小像を置く。馬に乗った人物が犬とともに鹿を追いかけ、見返る鹿に矢を放つ場面。2人の人物が肩に手を組み合って相撲を取る場面。おそらく傍らに行司の小像があったと思われる。三つ目の区画に小像が残っていなかったが、琴の形をした破片が見つかっているので、おそらく琴を弾く人物が配されていたと推測されている。下の器台は坏に太い脚が付いたような形態で、縁辺に、羽根を広げて飛び立とうとする5羽の鳥がほぼ等間隔に配され、坏部に装飾用の環（リング）である遊環が下がっている。七連坏付装飾器台とは、器台の上に7個の蓋坏が配され、坏部に、装飾子持壺付装飾器台と同じように装飾用の遊環がある。これらの遺物の年代は6世紀後半とされ、石室前で葬送儀礼に使用された特殊な器と考えられている。

◉伯耆一宮経塚出土品　東郷町の倭文神社の所蔵。レプリカを鳥取県立博物館で展示。平安時代後期の考古資料。倭文神社の境内にある経塚から、1915年に発掘された。経塚の内部構造は、中央の土坑に、輝石安山岩製の板石で囲まれ、上に蓋石を被せた長さ1.2m、幅0.9m、高さ0.5mの石槨が設けられていた。その中に経筒、仏像、短刀が納められ、その周囲に多数の供養品があったという。経筒は経巻を収納した筒形容器で、高さ42cm、蓋、身、台座を別々に鋳造して組み立てられた銅鋳製である。蓋は平面方形の傘蓋状で、頂部に大型の宝珠紐を付ける。蓋の表面四方に釈迦、多宝、弥陀、弥勒の種字が彫られている。円筒形の筒身には、全面に15行、236文字からなる銘文が刻まれていた。台座は円形蓮台底で、反花を線刻する。仏像は小像で、7世紀末の作と考えられる金銅観音菩薩立像、平安時代後期の銅像千手観音菩薩立像、舟形光背状の銅板に線刻された弥勒如来立像の3体があった。筒身の銘文によると、1103年に僧京尊が一宮大明神に如法経（法華経）1部8巻を供養して埋納した。慈尊（弥勒）の出世の際に経を掘り出して功徳を得たいと述べている。つまり仏教の絶えた末法の世の後、弥勒が出現するまで経巻の保管を意図した願文であった。経塚の最古例は奈良県の金峯山経塚とされ、そこに1007年に埋納された金銅藤原道長経筒◉にも同じ趣旨の銘文が記されていた。

◎阿弥陀如来及両脇侍像

大山町の大山寺の所蔵。平安時代後期の彫刻。丈六と呼ばれる像高266cmの大きな阿弥陀如来坐像で、1131年に仏師良円によって制作されたという。両脇に観音と勢至の両菩薩立像がある。頬がふっくらとし、右肩を露出させた偏袒右肩にして薄い衣文が下がる。阿弥陀三尊像を安置する阿弥陀堂◎は、方5間の寄棟造で、屋根は杮葺である。常行堂が1529年に山津波によって倒壊したので、残材を利用して1552年に再建された。大山寺は、平安時代後期には修験道および地蔵信仰の中心として広く知られていた。中門院、南光院、西明院の3院による山岳寺院が発展し、本地地蔵菩薩の垂迹である大智明権現を祀る社殿を設けて本社とした。中門院は大日如来、南光院は釈迦如来、西明院は阿弥陀如来を本尊としながらも、3院は地蔵信仰の大智明権現を信仰の中核にして栄えた。明治維新の廃仏毀釈で、本社は米子市尾高にある大神山神社の奥宮となり、大山寺は廃絶された。その後1903年に大山寺が復興されたが、かつての盛況を物語る建物は阿弥陀堂◎と大神山神社奥宮◎しか残っていない。

◉三仏寺奥院

三朝町にある。平安時代後期の神社。三徳山三仏寺は天台系の山岳寺院で、山麓の本堂には阿弥陀如来・大日如来・釈迦如来の3尊を安置する。急峻な岩山をよじ上り、文殊堂◎や地蔵堂◎などの諸堂をめぐり、奥まったところで北面する断崖の岩窟に奥院が忽然と姿を現す。役行者小角が岩屋に投げ入れたと伝えられ、投入堂とも称される。急傾斜な岩盤から懸造で建てられ、正面1間、背面2間、側面1間の細長い母屋に、北と東西の三方向に庇と縁が回る。北側正面と西面に板扉がある。母屋の柱は太い円柱で、ほかの柱は角を面取りした大面取という角柱である。檜皮葺の屋根は、母屋の流造の両側に庇の縋屋根が付いて、全体で複雑な形状を見せる。東側に方1間、切妻造、妻入りの小さな愛染堂が付属している。床下の柱は貫を通さずに、方杖を斜めに打ちそえて固定され、平安時代の古い様式を示す。内部には7体の蔵王権現立像（げんりゅうぞう）◎が安置されていた。

◎福田家住宅（ふくだけじゅうたく）　鳥取市にある。江戸時代前期の民家。代々庄屋を務めた農家で、年代を示す確実な資料はないが、17世紀中頃に建てられた鳥取県内で最も古いと民家と推測されている。入母屋（いりもや）造（づくり）の茅葺屋根（かやぶきやね）で桁行（けたゆき）9間、梁間（はりま）5間と細長く、正面は南東を向く。間取りは、向かって右半分が土間で、土間の前方に厩（うまや）がある。左半分の床上部には土間に沿って3室並び、さらに奥の上手には田字型に4室があり、合計7室となる。現在までにかなりの増改築が行われているが、もともと原形は桁行7間半、梁間4間の広間型（ひろまがた）3間取りだったと考えられている。つまり左半分には、土間に接して炉の切られた細長い居間のオオエノマ、その奥の左手前に座敷のオクノマ、左奥にナンドがあった。オオエノマが前後3室に区切られ、左奥の2室が拡張されて4室になったのである。おそらくオクノマだけ畳を敷いていたのであろう。正面の大戸口から中に入ると、土間の前後が間仕切され、厩が物置となっているが、上部の梁組がよく見え、民家特有の構造美を誇っている。釿（ちょうな）の削り痕の残る少し曲がった柱や梁が使用されたり、畳の納まりを考えない柱間寸法など、古い手法がうかがえる。

◎仁風閣（じんぷうかく）　鳥取市の鳥取城扇御殿跡（おうぎごてんあと）にある。明治時代後期の文化施設。大正天皇（当時皇太子）の山陰行啓（ぎょうけい）の際、宿舎として旧鳥取藩主池田氏が1907年に建てた洋風建築である。設計者は東京都の旧東宮（とうぐう）御所（ごしょ）◉など宮廷建築を設計した片山東熊（かたやまとうくま）と伝えられ、地元出身の海軍省建築技師だった橋本平蔵が工事を監督した。片山らしいフランス・ルネサンス様式による木造2階建である。正面中央をわずかに前へ突出させ、上部に櫛形ペディメント風の半円形の破風（はふ）がある。均等に配された1階と2階の窓が洗練された外観を見せ、向かって右側面にある螺旋階段（らせんかいだん）用の、尖塔をのせた八角形の部屋が変化を与えている。背面は1階、2階ともベランダで、1階は吹き放して開放され、2階はガラス戸を入れる。竣工当時は2階も吹き放しだったが、山陰の気候を考慮して後からガラス戸が入れられた。内部は1階、2階とも中央にホールをおいて、周囲に部屋を配置する。行啓後、市の公会堂や県の迎賓館などに使用され、戦後は長らく県立科学博物館として使われた。数少ない山陰地方の洋風建築を代表している。

☞そのほかの主な国宝／重要文化財一覧

	時代	種別	名　称	保管・所有
1	縄　文	考古資料	◎栗谷遺跡出土品	福部村
2	古　墳	考古資料	◎脚付子持壺形須恵器・子持壺形須恵器／上野遺跡出土	倉吉市立倉吉博物館
3	古　墳	考古資料	◎長瀬高浜遺跡出土埴輪	湯梨浜町
4	飛　鳥	彫　刻	◎銅造観世音菩薩立像	大山寺
5	奈　良	彫　刻	◎銅造十一面観音立像	大山寺
6	平　安	絵　画	◉絹本著色普賢菩薩像	豊乗寺
7	平　安	彫　刻	◎木造薬師如来及両脇侍像	長楽寺
8	平　安	彫　刻	◎木造蔵王権現立像（奥之院安置）	三仏寺
9	平　安	彫　刻	◎木造千手観音立像	観音寺
10	平　安	彫　刻	◎木造薬師如来及両脇侍坐像	学行院
11	鎌　倉	絵　画	◎絹本著色普賢十羅刹女像	常忍寺
12	鎌　倉	彫　刻	◎木造地蔵菩薩半跏像	地蔵院
13	鎌　倉	彫　刻	◎木造阿弥陀如来坐像	大日寺
14	朝鮮／高麗	絵　画	◎絹本著色楊柳観音像	豊乗寺
15	室町前期	寺　院	◎不動院岩屋堂	不動院
16	室町後期	寺　院	◎三仏寺地蔵堂	三仏寺
17	室町後期	寺　院	◎長谷寺本堂内厨子	長谷寺
18	江戸前期	神　社	◎樗谿神社	鳥取東照宮
19	江戸中期	民　家	◎後藤家住宅（米子市内町）	—
20	江戸前期	民　家	◎矢部家住宅（八頭郡八東町）	—
21	江戸中期	民　家	◎尾﨑家住宅（東伯郡湯梨浜町）	—
22	江戸後期	神　社	◎大神山神社奥宮	大神山神社
23	江戸後期	民　家	◎門脇家住宅（西伯郡大山町）	—
24	大正～昭和	土　木	◎旧美歎水源地水道施設	鳥取市
25	大正～昭和	住　居	◎石谷家住宅（八頭郡智頭町）	智頭町、石谷樹人、石谷正樹

鳥取城中仕切門

城郭

地域の特色

鳥取県は因幡(いなば)・伯耆(ほうき)の2国からなり、日本海に面する。およそ500余りの城砦跡が県内にあるが、大半は中世の山城で、険しい山城である。

中世、因幡を治めたのは山名氏である。山名氏は守護所を二上山(ふたがみやま)城とその麓の館に置いた。伯耆では田内城を築いた。戦国時代になり、因幡守護所は布施天神山城に置かれた。さらに戦国期になると、伯耆では田内城から打吹山城へと移った。

国人層の地侍たちの城郭は応仁・文明の乱（1467～77）以後、次第に淘汰され、因幡では道竹・山崎・市場・若桜(わかさ)鬼・鵯尾(ひよどりお)・隆平・反柵・景石・淀山・唐櫃(からひつ)・鹿野の各城が、伯耆では河口・岩倉・堤・八幡・尾高・江美の各城があった。戦国期にもこれら諸城は各地域の拠点として存城した。

やがて戦国期を迎えると、各地で有力在地領主が在地勢力を吸収、有力国人層を形成する。伯耆では尼子(あまご)氏、次いで毛利氏が台頭。因幡では山名氏に次いで畿内から織田氏勢力が侵攻し、国人層の在地勢力と各地で戦闘を展開した。この戦国期の戦乱は各地で様々な物語を生み今も語り継がれる。伯耆国でも尼子氏と在地領主たちの確執、戦闘が起こった。

戦国期のこれら勢力による攻防のうちで鳥取城の山城域である久松山に楯籠(たてこも)った吉川経家と羽柴秀吉との戦は、秀吉の兵糧攻めで、三木城の兵糧、備中高松状の水攻めとともに名高い。鳥取城の兵糧攻めは「鳥取城の渇(かつ)え殺(ごろし)」と呼ばれる。いずれにせよ、羽柴秀吉の鳥取城渇え殺によって山陰地方の戦国時代は一応終息を迎える。

因幡鹿野城や鳥取城攻め、伯耆国侵攻などで苦戦した羽柴秀吉は、因幡、伯耆両国に大規模な「城割令」を下す。久松山上にあった山名氏の鳥取城の詰の城、若桜鬼ヶ城の山城域などが破却された。元和2（1616）年には、池田氏による因幡、伯耆両国支配となり、一国一城令で鳥取、米子両城以外は廃城となった。

主な城

羽衣石城（うえしじょう）　所在 東伯郡湯梨浜町羽衣石　遺構 石垣、土塁、堀、模擬天守

越前南条郡宅良の里に成長した塩冶高貞の二男は南条氏を称し、伯耆に所領を得て羽衣石城を築いたという。

元亀元（1570）年家督を子の元続（もとつぐ）に譲った南条宗勝は、天正3（1575）年出雲富田城で毛利元秋に謁し、帰途、尾高城に立ち寄り、城主杉原播磨守のもてなしを受けたが、帰城の途中から発病、城に戻って没した。これより元続は吉川、杉原両氏に恨みを抱くようになった。かくて元続は羽柴秀吉に味方して武功を立てることを決意、家臣にその旨を伝えて籠城準備を進めたとの伝承がある。天正7（1579）年7月吉川元春は来攻、攻防が繰り返された。天険を利用する南条氏の防戦は巧みで、容易に落ちない。そこで元春は、元南条家臣で今は吉川氏に仕えている山田重直なる者を道案内として背後に一手をまわし、大手の攻撃に呼応させた。腹背に敵をうけて城方は支えきれず、元続は因幡に逃れた。8月に入り秀吉麾下の加勢を得た元続は、城の背後から奇襲をかけ城を奪回するが、天正10（1582）年、秀吉と毛利氏との和議が結ばれるまで、元春との間に激しい戦が続けられる。

秀吉、毛利の和がなって、南条氏は伯耆東3郡を領有したが、関ヶ原の戦いで西軍に味方したため、南条氏は改易となり羽衣石城は廃城となった。

桐山城（きりやまじょう）　別名 木山城　所在 岩美郡岩美町浦富

天正年間（1573～92）豊臣秀吉は鳥取城攻めに垣屋光成を入れ、鳥取落城後、巨濃郡（岩美郡の一部）1万石を与え光成は桐山城主となった。文禄元（1592）年光成は隠居して、子の恒総が後を継いだ。関ヶ原の戦いで恒総は西軍に与（くみ）して伏見、大津城の攻撃に参加、西軍の敗北によって高野山に逃れ、千手院谷で自害し、桐山城は廃城となった。元和3（1617）年、池田光政が因幡・伯耆両国を領有した際、家老の池田政寅が浦富を領したが、桐山城に入った確証はない。また寛永9（1632）年、池田光政と入れ替わりに鳥取城主となると、浦富は家老の鵜殿氏が領した。天保13（1842）年、鳥取藩独自の制度で家老にその地を委任統治させる自分手政治が認められると、桐山城東麓の垣屋恒総の居館跡に陣屋を構築し、明治維新まで統治

を行った。

鹿野城（しかの）

別名 王舎城、志加奴城　所在 鳥取市鹿野町　遺構 石垣、堀

鹿野城の築城年代あるいは築城をした志加奴氏の出自等は不明だが、初めは因幡守護の山名氏に属し、尼子、毛利氏に属していた。天正8（1580）年、羽柴秀吉の鳥取城攻めの際、旧尼子家臣の亀井茲矩が当城を攻略、人質を収めて亀井茲矩（これのり）を守将とした。この戦功によって、茲矩は鹿野1万3千石を与えられた。関ヶ原の戦いには東軍に与して3万8千石となり、慶長14（1609）年に子の政矩が相続すると、子の政矩も5千石加増され、4万3千石となった。当城は茲矩によって大修築されている。本丸·二の丸·三の丸·西の丸が築かれ、西の丸下にオランダ櫓、朝鮮櫓を営み、海外貿易によって得た珍しい資材で一室を構えた。茲矩の貿易の志はそれに限らず、家臣に命じてタイと交易させ、インドの仏跡に因んで城を王舎城、城下を鹿野苑（ロクヤオン）、山を鷲峰山（じゅぶせん）、川を流沙川（リュウシャ）、抜堤川（バッタイ）と呼ばせている。元和3（1617）年政矩は津和野に移封、池田光政が鳥取城に入って当城はその老臣日置忠俊に与えられたが、のち焼失。正保元（1644）年に鹿野城の破却が行われている。

天神山城（てんじんやま）

別名 布施城（布勢城）　所在 鳥取市湖山町南　遺構 堀、土塁

但馬の山名氏から入って因幡山名氏を継いだ勝豊が文正元（1466）年当城を築いた。城は湖山池に臨む小丘を本丸とし、三層の天守を設け、上臈小路、傾成町などの小字を残し、城下の繁栄を物語っている。天文10（1541）年但馬の山名氏と国境問題から争いとなり、久松山に出城が設けられた。これが後の鳥取城となる。この争いで当城は落城した。

鳥取城（とっとり）

別名 久松城　所在 鳥取市東町　遺構 石垣、仕切門、復元大手門
史跡 国指定史跡

天文10（1541）年天神山城を本拠としていた因幡守護、山名誠通が、一族の但馬守護山名氏と国境を争い同14（1545）年要害の出城として久松山に築いたのが当城である。

その後、西から毛利氏の勢力は伸び、山名氏は毛利の吉川経家に属し、また東から羽柴秀吉の軍も来攻する。天正8（1580）年第一回鳥取城攻めは山名豊国の降服で終わったが、第二回の攻略は翌年7月から始まり、秀吉の3万の大軍は当城を鉄の包囲陣で締め上げた。籠城4か月、城中には兵

糧米はもとより食する草木もなく犬、猫、虫けら、はては死人の肉まで口にする地獄絵図を展開したと伝えられる。「鳥取城の渇え殺」である。毛利の救援も望みなく、10月25日、城将吉川経家は城を開き、城下の真教寺で城の指揮者としての責任をとって自害した。

後に秀吉の部将宮部継潤が5万石で城主となり、関ヶ原の戦いの功で、池田長吉が6万石で入城、大修築を加えた。慶長7（1602）年から4年がかりで、今日伝わる規模がほぼ完成した。元和3（1617）年姫路から池田光政が入城すると、城下が狭いことから、新たな築城を考えたが、急場の間にあわず、当城を拡張することに落ち着いた。新しく南方に袋川を付け替え外堀とし、旧城の堀であった旧河道は内堀と化し、現在の鳥取城下ができていった。令和3（2020）年中ノ御門表門（大手門）が復元された。

二上山城（ふたがみやま）

別名 岩経の城、岩常城　所在 岩美郡岩美町岩常　遺構 土塁、堀、石垣

興国2（1341）年山名時氏が因幡守護となり、文和年間（1352～55）に築いた城である。文正元（1466）年、但馬山名氏から因幡山名氏を継いだ勝豊が天神山城に本拠を移すと廃城となるが、当時の情勢は治まらず、天文の頃（1532～55）付近の領民は但馬に城主の派遣を願うと、但馬山名氏は出石宗鏡寺にあった山名祐豊の弟を還俗させ、三上兵庫頭と称して当城主にさせた。兵庫頭は当城が山城で不便な所から道竹（どうちく）城を築いて移り、当城には番兵を配した。永禄年間（1558～70）に武田高信に味方し、山名豊次に攻略された。

由良台場（ゆらだいば）

所在 東伯郡北栄町　遺構 土塁　史跡 国指定史跡

鳥取城主池田慶徳は文久3（1863）年に伯耆国由良海岸に、日本海沿岸で最大の由良台場を築城した。鳥取藩では安政4（1857）年7月に六尾反射炉を建造、大砲鋳造を本格的に始めたのである。総指揮者は武信潤太郎で慶徳は江戸湾の武蔵国本牧、金杉で海岸警固を担当。砲術の取り扱いを実地で学んだ藩士であった。山陰の日本海沿岸での台場築城の手本として、鳥取藩は、六角変形で砲座を4か所備え、面積8反歩（約84m^2）、周囲長さ274間（約500m498m）、周囲の土塁は高さは5m、幅10mで、東西125m、南北83m、中国地方最大の規模を有する台場を築いた。築造に7万5千人が動員された。一文字虎口、左右の肩墻、前面の胸墻、砲座などが揃って

現存する。

米子城（よなご）

別名 久米城、湊山城、飯山城　所在 米子市　遺構 石垣、堀
史跡 国指定史跡

応仁の乱（1467～77）の頃、西軍山名氏が東軍に属する出雲の京極氏（尼子）に備えるために築いた。元亀2（1571）年尼子再興を企てる山中鹿之助幸盛らが急襲して、福頼元秀は敗退した。後、毛利元就の孫吉川広家が居城富田城から移り、大規模な築城工事を行ったが、関ヶ原の戦いで西軍についたため、所領は削られ、広家は岩国に転じた。明治元（1868）年まであった四層櫓は広家の天守といわれる。替わって中村一忠（忠一）が18万石で入封して慶長7（1602）年に城を完成させた。一忠が慶長14（1609）年に急死すると、翌年加藤貞泰が会見・汗入両郡で6万石で封じられ元和3（1617）年に伊予大洲へ転封となった。その後池田光政・池田光仲が因幡・伯耆2国の領主となると、一国一城令のもと伯耆に存する城として続き、家老の荒尾氏が城主となり、自分手政治を行い、明治を迎えた。城は湊山を本丸、その下に二の丸、三の丸、さらに西の出山に内膳丸を構え、本丸には四層五階の天守があがった。天守の南東に隣接して四重櫓とも呼ばれた小天守があがっていた。二重大入母屋の上に望楼（ぼうろう）が構えられる外観だった。

若桜鬼ヶ城（わかさおにじょう）

別名 鬼ヶ城、若桜城　所在 八頭郡若桜町　遺構 石垣、土塁、堀　史跡 国指定史跡

応安2（1369）年矢部若狭守の築城と伝えられる。

永禄年間（1558～70）に矢部兄弟が跡目争いをしている隙に、尼子勝久、山中鹿之助幸盛が襲撃した。吉川元春が攻め落とし、天正6（1578）年播磨から因幡に攻め入った秀吉が攻略、因幡平定の根城とする。同9（1581）年、鳥取城は落ち、木下重賢は八東、智頭の2郡2万石の領主となって入城したが、関ヶ原の戦いで西軍に与して天王寺に自刃した。木下氏の後は山崎家盛が3万石で封じられるが、元和3（1617）年因幡・伯耆両国の領主として池田光政が入封すると、山崎家治は備中成羽へ移され廃城となった。城は比高225mの鶴尾山の山腹と山頂に築城されている。山腹は矢部氏の、山頂から尾根筋は木下・山崎氏の築城と考えられる。本丸に天守があったとみられる一方で、主要部の石垣には廃城による破城の痕跡もみられる。鳥取県教育委員会による調査などにより、平成20（2008）年、国史跡へと指定された。

戦国大名

鳥取県の戦国史

室町時代、因幡・伯耆両国は山名氏が守護をつとめており、応仁の乱では持豊（宗全）が西軍の総帥として両国内の武士を動員して京に出陣。決着がつかないまま両軍の総帥が死去、騒乱が地方に広がって山名氏は次第に衰退していった。

因幡では国衆の毛利氏（安芸毛利氏とは別）が台頭、貞元（次郎）は赤松氏の支援を得て守護山名氏に叛乱を起こしている。二度にわたる反乱は守護方が勝利、貞元が自刃して鎮圧されたが、以後守護山名氏は弱体化し、国衆層による騒乱が続いた。

伯耆では守護山名氏の相続争いが起こり、出雲守護尼子経久の支援を得た山名澄之が守護を継いだ。しかし、これを機に尼子氏は伯耆西部にもその勢力を伸ばした。

さらに、天文7年（1538）頃には因幡の山名誠通が尼子氏に降り、経久の跡を継いだ晴久は伯耆・因幡両国の守護も兼ねて、山陰一帯を支配する大大名となった。その後、伯耆東部では南条氏が台頭、これを毛利元就が支援して、毛利氏が伯耆に進出してきた。

一方因幡では、永禄年間に鳥取城の武田高信が毛利氏の支援を得て山名氏から離れて自立、同6年（1563）には山名豊数を布施天神山城から追い因幡の大半を支配した。翌年には毛利氏が伯耆に進出、尼子氏を降して山陰を支配した。

天正8年（1580）豊臣秀吉が但馬出石城の山名宗家を滅ぼすと、武田氏没落後に鳥取城主となっていた一族の山名豊国（禅高）は豊臣秀吉に通じたが、毛利方の吉川元春の意向を汲んだ家臣によって城を追放され大名としての山名家は滅亡した。しかし、毛利勢の吉川経家の支援を得た鳥取城も秀吉によって落城、因幡・伯耆両国は秀吉の支配下に入った。

主な戦国大名・国衆

秋里氏（あきさと） 因幡国高草郡の国衆。高階姓。秋里城（鳥取市秋里）に拠って代々山名氏に従った。山名豊数に従った秋里与四郎や、天正9年（1581）の鳥取城籠城に参加した秋里新左衛門らが知られる。山名氏没落後は、毛利氏に仕えたものと因幡に留まって鳥取藩士になったものがある。

上原氏（うえはら） 因幡国八頭郡の国衆。赤松氏の一族という。美作国勝田郡余野村（岡山県美作市）から上原小兵衛が来国し、杉ヶ尾城（八頭郡智頭町）を築城した。天正9年（1581）豊臣秀吉に敗れて落城、のち帰農した。

小鴨氏（おがも） 伯耆国の国衆。同国久米郡小鴨郷（倉吉市小鴨）の在庁官人の末裔。平安時代から「小鴨介」と名乗った伯耆国の在庁官人で、岩倉城（別名小鴨城・倉吉市岩倉）に拠っていた。伯耆国は平家の知行国だったことから、源平合戦では平家方に属していたが、鎌倉時代以降も引き続き在地領主であった。以来、戦国末期まで代々岩倉城主をつとめ、東伯耆の有力国人だった。室町時代、守護山名教之の時代には守護代をつとめており、明徳の乱では基未が討死している。戦国時代、南条氏から養子となって小鴨氏を継いだ元清は、文禄の役にも参加している。関ヶ原合戦では小西行長に属して西軍に属し、戦後は美作国や伯耆国で帰農したという。

佐治氏（さじ） 因幡国智頭郡の国衆。古代豪族尾張氏の末裔。同郡佐治郷（鳥取市佐治町）の開発領主で、建暦3年（1213）重貞は鎌倉幕府から佐治郷の地頭が安堵されている。南北朝時代、重泰は南朝に属していたが、建武3年（1336）に名和長年が敗死すると北朝方に転じた。しかし観応の擾乱では当時南朝方だった山名氏に従っている。室町時代中期には室町幕府奉行衆の斎藤氏の代官として実質的に佐治郷を領し、戦国時代には群佐羅山城（鳥取市佐治町刈地）に拠った。

武田氏（たけだ） 因幡国高草郡の国衆。若狭武田氏の庶流といわれるが不詳。15世紀末の因幡守護山名氏の被官としてみえる武田左衛門大夫が史料上の初見。室町時代は鵯尾城（鳥取市玉津）に拠る国人であった。永禄年間、鳥取城に拠っていた武田高信は山名氏のもとを離れて自立、同6年（1563）には山名豊数を布施天神山城から追い、因幡の大半を支配した。しかし、天正元年（1573）山中幸盛の甑山城を攻めて失敗し、急速に没落した。江戸時代は交代寄合となった山名氏の家臣となった。

南条氏（なんじょう） 伯耆国東部の戦国大名。宇多源氏で佐々木氏一族の塩冶高貞の末裔と伝える。南北朝時代に貞宗が羽衣石城（東伯郡湯梨浜町）を築城して拠ったのが事実上の祖。室町時代は守護山名氏の被官となり、尼子氏の伯耆侵攻では一貫して尼子氏と戦った。元清のとき毛利氏の傘下に入って羽衣石城（湯梨浜町）城主となる。子元続も毛利氏に従っていたが、天正7年（1579）織田信長に通じて豊臣秀吉に属した。同10年落城したが、同12年に改めて秀吉から伯耆参郡を与えられて羽衣石城に復帰した。関ヶ原合戦では元忠が西軍に属して改易となった。江戸時代は旗本となった。

蜂塚氏（はちづか） 伯耆国日野郡の国衆。江尾（美）城（日野郡江府町江尾）に拠り、日野衆として尼子氏に属していたが、蜂塚右衛門尉は毛利氏方に転じた。しかし、その後再び尼子氏方に転じたため、永禄7年（1564）毛利氏に攻められて落城した。

三上氏（みかみ） 因幡国巨濃郡の国衆。近江国三上郷（滋賀県野洲市）の出で、山名氏の一族か。室町時代は幕府の奉公衆をつとめ、康正2年（1456）に岩井荘（岩美郡岩美町）の段銭を納めたのが史料上の初見。天文年間（1532～55）に三上兵庫頭が道竹城（岩美町）を築城して拠った。毛利氏に通じたことから、永禄7年（1564）山名豊数に攻められて滅亡した。江戸時代には村岡藩主となった山名氏に仕えた。

村上氏（むらかみ） 伯耆国の国衆。村上天皇の末裔と伝えるが不詳。室町時代は守護山名氏に属し、水運の拠点だった淀江（米子市）を支配していた。尼子氏の伯耆侵攻で一旦国外に退去したが、のちに山名氏の支援を得て伯耆に復帰。その後は毛利氏に属して、福頼氏を称した。慶長の役では朝鮮に従軍して蔚山城に籠城。慶長3年（1598）村上氏に戻っている。江戸時代は津和野藩士になったともいわれるが不詳。

矢田氏(やだ)　因幡国高草郡の国衆。荒神山城（鳥取市鹿野町）城主。永禄年間（1558～70）に矢田幸佐が出雲から来国して荒神山城に拠った。戦国時代は鳥取城主の武田高信に属していたが、武田氏が滅んだのち毛利氏に仕えた。天正8年（1580）豊臣秀吉の因幡侵攻の際、亀井氏に敗れて落城、倉吉に落ちた。

矢部氏(やべ)　因幡国八東郡の国衆。駿河矢部氏の一族という。正治2年（1200）に梶原景時一族を追討した功で因幡国八東郡東山田荘などの地頭職を得て入部し、若桜郷を本拠とした。南北朝時代には隠岐から脱出後の醍醐天皇に供奉し、室町時代には因幡守護山名氏に属した。以後若桜城（鬼ヶ城）に拠って、戦国時代まで16代続き、代々山城守を称した。天正元年（1573）因幡に侵攻した毛利氏に降ったが、翌年尼子氏を奉じる山中幸盛に敗れて落城した。末裔は用呂村（若桜町）で帰農したという。

行松氏(ゆきまつ)　伯耆国会見郡の国衆。鎌倉時代から会見郡中間荘（米子市）を領した。室町時代は山名師義の子右馬助が跡を継いで、以後山名一族として西伯耆を支配した。その後、尼子氏が伯耆に侵攻すると正盛は国外に退去し、永禄5年（1562）毛利氏の支援を得て尾高城（米子市尾高）に復帰した。同7年に正盛が死去すると、毛利氏家臣の杉原盛重が正盛の未亡人と再婚して尾高城主となっている。盛重の死去後毛利氏に叛いて東伯耆の南条氏に属した。

吉岡氏(よしおか)　因幡国高草郡の国衆。播磨赤松氏の一族という。高草郡吉岡荘（鳥取市吉岡温泉町）を本拠とする鎌倉御家人で、室町時代は山名氏に従う。戦国時代は吉岡城（嚢上山城）を築城して毛利氏に属した。天正9年（1581）豊臣秀吉の因幡侵攻の際に防己尾城（鳥取市）に籠城したが敗れ、毛利氏のもとに逃れた。江戸時代は長府藩士と岩国藩士になったという。

名門／名家

◎中世の名族

山名氏（やまな）

山陰の守護大名。清和源氏で、新田義重の長子義範が上野国多胡郡山名（群馬県高崎市山名町）に住んで山名氏を称したのが祖。1335（建武2）年中先代の乱を足利尊氏が討伐した際に時氏が尊氏に従っている。63（貞治2）年には一族で丹波・伯耆・丹後・因幡・美作の守護に任ぜられ、以後幕府を支える有力大名の一つとなった。

89（元中6・康応元）年山名氏の惣領時義が死去した時点で山名一族の領国は、時義の但馬・伯耆・隠岐・備後、義理の美作・紀伊、氏清の山城・和泉・丹波、満幸の丹後・出雲、氏家の因幡の十二カ国を数え、日本全国の6分の1を保有して六分一殿（ろくぶんのいちどの）と呼ばれた。

このため、3代将軍義満は山名一族の勢力を削ぐために、山名氏の惣領権をめぐる内訌を利用して、89（康応元）年に氏清・満幸に時熙・氏幸を討たせ、さらに91（明徳2）年には満幸を追放した。満幸は氏清や義理と共に挙兵したものの、大内氏を中核とする幕府軍に敗退した（明徳の乱）。乱後、山名氏の領国は但馬・因幡・伯耆の三カ国のみとなるなど、一時その勢力が衰えた。

その後は次第に勢力を回復し、99（応永6）年の応永の乱では大内氏討伐に活躍、1441（嘉吉元）年の嘉吉の乱で赤松義祐を討って再び十カ国の守護を兼ねるまでに回復した。しかし、応仁の乱で持豊が西軍の総帥をつとめて京の戦乱の中にあるうちに、各地の領国は国衆層の台頭で奪われ、戦国時代にはその所領は因幡国・但馬国のみとなっていた。1580（天正8）年豊臣秀吉によって但馬出石城が落城、山名宗家は滅亡した。

◎近世以降の名家

荒尾家（あらお）

鳥取藩家老。戦国時代の木田城（愛知県東海市）城主荒尾空善の末裔。成房は池田恒興に仕え、1600（慶長5）年輝政が姫路城主となると播磨竜野で1万石を領した。48（慶安元）年、池田光仲の鳥取転封の際、成利は伯耆米子城主となって1万5000石に加増。家格は着座（家老）。荒尾家は祖善次が藩祖輝政の外祖父に当たる上、輝政の妻で徳川家康の娘である良正院を通じて忠雄の後見を依頼されており、藩内でも特別の地位を有していた。当主は代々筆頭家老をつとめ、米子領内では自分手政治と呼ばれる独自の支配を行っていた。1906（明治39）年之茂の時に男爵となる。分家の倉吉荒尾家も家老をつとめ、打吹山麓に陣屋を置き8000石を領した。06（同39）年嘉就の時に男爵となる。

池田家（いけだ）

鳥取藩主。池田輝政の二男忠継は1603（慶長8）年備前岡山28万石に入封。後10万石加増され、32（寛永9）年光政と入れ替わりに鳥取32万石に転じた。幕末の藩主慶徳は徳川斉昭の子であったことから、尊王攘夷の中で微妙な立場にあり、1863（文久3）年には藩士河田左久馬らが藩主の側用人を殺害した本圀寺事件が起きている。84（明治17）年輝和の時に侯爵となる。14代仲博は最後の将軍徳川慶喜の五男で、『鳥取藩史』の編纂に尽力した。分家に因幡鹿野（しかの）藩、因幡若桜（わかさ）藩藩主の池田家がある。

石井家（いしい）

鳥取城下（鳥取市）の豪商。1441（嘉吉元）年に播磨国から因幡国巨濃（この）郡に移り住んだという。戦国時代には宮部氏の下で石井宗徳・長空兄弟が銀山を経営した。関ヶ原合戦に起きた徳政令を要求する一揆では宮部氏に加担して一揆を鎮圧している。江戸時代も町年寄筆頭の地位にあった。

石谷家（いしたに）

因幡国八頭郡智頭宿（智頭町）で塩屋と号した豪商。江戸時代初期は鳥取城下で塩の卸問屋であったが、延宝年間（1673～1680）頃に智頭宿に転じたとみられる。以後、問屋や金融業で栄えた。分家に上塩屋・下塩屋・新塩屋の三家がある。江戸中期以降には各家が大庄屋もつとめた。

また、山林を集積して明治以降は山林王と呼ばれ、大正末から昭和にかけて建築された3000坪に及ぶ同家住宅は国指定重要文化財である。池泉庭園の石谷氏庭園も鳥取県の名勝である。

乾家（いぬい）

鳥取藩家老。宇多源氏を称す。長次は池田信輝に仕えて功をあげ、関ヶ原合戦後岡山藩家老となる。子直幾の時に鳥取に移封し、以後代々鳥取藩家老をつとめた。家禄は4500石で、因幡国下船岡（八頭町）に陣屋を構えて船岡を領した。江戸中期の長孝は35年間にわたって家老をつとめ、幕命の美濃・伊勢の治水工事の監督に当たった他、学者として多くの著作も残し、名家老として知られる。

鵜殿家（うどの）

鳥取藩家老。紀伊国牟婁（むろ）郡鵜殿村（三重県南牟婁郡紀宝町鵜殿）発祥。熊野別当湛増の末裔とも秦姓ともいい、長善が熊野領であった三河国竹谷・蒲形荘（愛知県蒲郡市）の荘官として移り住んだという。長持は今川氏親の娘を娶っている。桶狭間合戦後、長照は今川氏から離れた徳川家康と戦って討死、弟の長忠は家康に仕えた。1613（慶長18）年池田輝政が死去した際、子忠継・忠雄が若年であったため、家康の依頼で長忠の子長次が池田忠継の補佐となった。以後、鳥取藩重臣として5000石を領し、因幡国岩井郡浦富（岩美町浦富）に陣屋を構えた。

鹿島家（かしま）

伯耆国米子（米子市）の豪商。江戸時代初期に備前国から小間物行商に来て定住したという。4代治郎左衛門の時に米商となり、分家の治助と共に商売を広げた。1808（文化5）年には銀百貫を荒尾家に献上、以後幕末まで数万両を支出したという。嘉永年間には米子城四重櫓の改築の費用を負担している。

後藤家（ごとう）

伯耆国米子（米子市）の豪商。天文年間に石見国浜田から伯耆国米子に移住し、造船と海運業で栄えた。廻船問屋を営んで鳥取藩の海運を支え、代々市右衛門を称した。4代市右衛門は米子近郊の砂丘を畑地として開墾し上後藤村を開いている。6代直満は飛鳥井雅威に和歌と蹴鞠（けまり）を学び、文化年間には上京して光格天皇から茶碗を賜っている。また、茶道を嗜み、本居宣長に入門するなど、米子を代表する文化人であった。同家住宅は国指定重要文化財である。

近藤家（こんどう）

伯耆国日野郡根雨（日野町）の鉄山師。江戸時代中期に備後国から根雨に移住した彦四郎が祖。1778（安永7）年2代喜兵衛が製鉄業を始め、幕末の4代平右衛門の頃には伯耆から美作にかけて製鉱所6カ所、錬鉄所8カ所を持っていた。5代目喜八郎は大庄屋をつとめる一方、維新後は製鉄業の近代化にもつとめている。

坂口家（さかぐち）

伯耆国米子（米子市）の豪商。江戸時代は沢屋と号して木綿仲買商を営んでいた。維新後は、平兵衛は土地を集積して巨利を得、それを元手に金融業・鉄鋼・紡績・電気事業などを次々と興し、坂口財閥を築き上げた。平兵衛の婿養子である二郎は日本レイヨン社長を20年以上にわたってつとめている。

船越家（ふなこし）

伯耆国米子紺屋町（米子市）で大寺屋と号した豪商。同国会見郡大寺村（岸本町）の出で、米子城主が加藤氏の時代に米子に転じたといい、中村氏の米子城下町づくりにも力を貸し、多大の木材の供給に努めた。また、灘町新田など多くの新田を開発、一族の作左衛門は、1785（天明5）年から因幡国湖山池北岸（鳥取市）の砂丘地の開拓も行っている。幕末の画家船越寛一も一族。

牧田家（まきた）

伯耆国倉吉（倉吉市）で淀屋と号した豪商。本家の淀屋橋家の他、分家の常安町家、大川町家、斎藤町家があり、町目代や町年寄といった町役人をつとめた。1760（宝暦10）年に建てられた同家住宅は倉吉市指定有形文化財である。幕末に鳥取藩の木綿を一手に扱った大坂の淀屋清兵衛（後期淀屋）も一族とみられる。

和田家（わだ）

鳥取藩家老。清和源氏という。近江国甲賀郡和田谷の国衆の出で、天正年間和田信維が織田信長に仕えて尾張国黒田（愛知県）で6万石を領したが、後和田谷に戻った。本能寺の変の後、徳川家康の伊賀越えを助け、子正信は池田輝政に仕えて岡山藩家老となり、その子三正の時に鳥取藩家老として4000石を領した。

博物館

鳥取県立むきばんだ史跡公園
〈竪穴住居・高床倉庫の原寸復元〉

地域の特色

中国地方の北東部に位置する県で県庁所在地は鳥取市。4市14町1村からなり、人口は約55万人（2021（令和3）年1月現在）と全国の県で最も少ない。県の北側は日本海に面し、全国一の面積を誇る鳥取砂丘（とっとりさきゅう）や世界ジオパークにも認定された浦富海岸（うらどめかいがん）などがある。南側には中国山地の山々があり、なかでも西部にある大山（だいせん）は中国地方の最高峰である。県域は旧因幡国（いなばのくに）と旧伯耆国（ほうきのくに）からなり、鳥取市のある東部は旧因幡国、倉吉市（くらよしし）のある中部と米子市（よなごし）のある西部は旧伯耆国である。全国有数の農業県で、特産の二十世紀梨や海岸線の砂丘地帯でのラッキョウなどで知られる。県内には弥生時代を代表する遺跡である妻木晩田遺跡（むきばんだいせき）や青谷上寺地遺跡（あおやかみじちいせき）、修験道（しゅげんどう）の拠点である大山や国宝の三佛寺投入堂（さんぶつじなげいれどう）のある三徳山（みとくさん）、城郭の博物館と呼ばれる鳥取城（とっとりじょう）跡など、歴史文化を今に伝える名所も多い。各地域の歴史文化を伝える博物館の他、鳥取県立大山自然歴史館や「海とくらしの史料館」など県内の豊かな自然に基づいた博物館が点在している。県内の博物館で構成する鳥取県ミュージアムネットワーク（TMN）には2021（令和3）年5月現在で51の施設が加盟し、SNSでの共同発信や事業を行っている。

主な博物館

鳥取県立博物館（とっとりけんりつはくぶつかん）　鳥取市東町

久松山ふもとの鳥取城跡の一角にある総合博物館。扱う分野は自然、歴史・民俗（人文）、美術の3部門に分かれている。常設展示も分野ごとに分かれ、自然展示室では県内の岩石や化石、鳥取砂丘や大山の生物などをテーマに多数の標本を展示している。ダイオウイカの液浸標本や生きたオオサンショウウオの展示もある。歴史・民俗展示室では国指定重要文化財の子持勾玉（こもちまがたま）をはじめ旧石器時代から江戸時代までの暮らしと伝統行事などを展示し、合わせて約3千点もの資料で県内の歴史文化を紹介している。各展示室にはワークカードが用意されるなど、子どもが楽しんで展示を巡る仕組みも用意されている。年に数回の企画展を開催。県内各地域の公民館や博物館での移動博物館も開催している。野外観察会や天体観望会、歴史講座、講演会などの事業、県民の同好会やサークルと協力した活動、研究報告の出版なども盛んに行っている。

鳥取市歴史博物館(やまびこ館)　鳥取市上町

鳥取東照宮(樗谿神社)の参道沿いにある、鳥取市の歴史や民俗を扱う博物館。常設展示では鳥取市の歴史、風土、文化を時代ごとに展示しており、なかでも江戸時代の鳥取藩と城下町鳥取の展示では、城の復元や調査などにも使われる絵図を実寸大で表示した「鳥取城をよみとく」や、城下町の暮らしなどを紹介するシアターなどがある。年数回の特別展や企画展、歴史ツアーや連続講座などの事業も実施している。

鳥取市因幡万葉歴史館　鳥取市国府町町屋

古代因幡国の歴史や文化を紹介する博物館。大伴家持が『万葉集』の最後を飾る歌を詠んだ因幡国の中心地に立地する。古代の因幡、万葉びとの世界の他、大伴家持や伊福吉部徳足比売にスポットが当てられている。民俗企画室では麒麟獅子舞を常設展示している。展示室の他に、時の塔、野外ステージである伝承館、万葉と神話の庭などがある。

山陰海岸ジオパーク海と大地の自然館　岩美郡岩美町牧谷

山陰海岸ジオパークの拠点施設で浦富海岸の近くに立地する。1981(昭和56)年に開設した山陰海岸自然科学館を前身とし、2016(平成28)年に現在の施設となった。展示室では磯や砂浜に暮らす生物の生体展示や山陰海岸ジオパークの紹介、3D映像の上映などを行っている。年間を通して野外観察会や講座などを実施するほか、学校や公民館などへの学芸員の派遣も行っている。

鳥取童謡・おもちゃ館(わらべ館)　鳥取市西町

子どもの歌の成り立ちから時代を追って展示する鳥取県立童謡館と、国内外のおもちゃ約2千点を展示する鳥取市立鳥取世界おもちゃ館からなる童謡・唱歌とおもちゃのミュージアム。外観は旧鳥取県立図書館を復元している。1階は童謡の部屋、2・3階はおもちゃの部屋となっており、豊富な体験型展示は世代を問わず楽しむことができる。「いべんとほーる」でのコンサートなどのイベントや、企画展、乳幼児向けからシニア向けまでさまざまなイベントや体験活動を実施している。

鳥取県立（とっとりけんりつ）とっとり賀露（かろ）かにっこ館（かん）　鳥取市賀露町西

カニを中心にさまざまな水生生物を展示・紹介する水族館。小規模ながらさまざまなカニをテーマごとに親しみやすく展示するほか、鳥取県特産の松葉ガニ、鳥取の魚、ふれあい水槽や工作などが楽しめるコーナーもある。カウンター越しにバックヤードを覗けるのも楽しい。県内各地で行う体験型の移動水族館「出前かにっこ館」も実施している。

倉吉博物館（くらよしはくぶつかん）・倉吉歴史民俗資料館（くらよしれきしみんぞくしりょうかん）　倉吉市仲ノ町

さくら名所百選などで知られる打吹公園（うつぶきこうえん）内に1974（昭和49）年に開館した博物館。建物は倉吉市の白壁土蔵群と玉川を象徴しており、建築業協会賞を受賞している。展示室は美術部門と歴史部門からなり、郷土ゆかりの洋画家や日本画家の作品を展示するほか、倉吉一円の遺跡から出土した重要文化財の子持壺型須恵器（こもちつぼがたすえき）を含む、豊富な出土品を展示している。倉吉歴史民俗資料館は1982（昭和57）年に隣接して建設され、両館は渡り廊下でつながり一体として運営されている。展示は明治から昭和にかけての暮らしについて、千歯扱（せんばこ）きや倉吉絣（くらよしがすり）など倉吉にゆかりのある資料とともに紹介している。資料館は埋蔵文化財センターとしての機能も併せもっている。各部門の特別展や企画展も開催。自然部門の常設展示はないが、倉吉自然科学研究会と協働して毎年「夏休み自然科学展」を開催し、野外観察会も実施している。

鳥取県立鳥取二十世紀梨記念館（とっとりけんりつとっとりにじっせいきなしきねんかん）（なしっこ館（かん））　倉吉市駄経寺町

日本で梨をテーマにした唯一の博物館。梨をかたどった円形の建物内は、二十世紀梨の巨木の標本を中心に鳥取県が梨産地になるまでの歴史、栽培技術や品種など、梨産業に関する事象が紹介されている。子ども向けの巨大ジオラマ、試食コーナー、各品種が栽培された梨ガーデンもある。梨生産に携わる人を対象にした講座「鳥取梨つくり大学」も開催している。

鳥取県立むきばんだ史跡公園　西伯郡大山町妻木

日本最大級の弥生時代の集落であり、現在も調査が行われている妻木晩田遺跡を公開した史跡公園。ガイダンス施設の他、屋外に再現されている竪穴式住居や高床式倉庫からなる弥生のムラ、発掘当時の姿で保存された竪穴住居跡などが見どころ。気軽に体験できる「はっくつ体験」や連続講座のジュニアファンクラブなどの多彩なプログラム、ボランティアによる遺跡ガイドなどで、弥生時代を楽しみながら体感できる。

鳥取県立大山自然歴史館　西伯郡大山町大山

大山とその周辺地域の豊かな自然と歴史･文化を紹介する施設。1974（昭和49）年開館の大山自然科学館を前身とし、2005（平成17）年に現在の施設に改修、18（平成30）年には展示リニューアルを行った。映像や標本、ジオラマなどで大山の豊かな動植物、信仰の山としての大山や国立公園としての歴史を紹介するほか、散策や登山者向けのアドバイスも行う。季節ごとに「大山自然観察会」などの観察会や企画展などを開催している。

米子市立山陰歴史館　米子市中町

博物館の歴史は古く、1901（明治34）年に郷土史家による自宅での考古資料公開にさかのぼる。84（昭和59）年から使用している現在の建物は30（昭和5）年に建てられ米子市役所だった洋館で、市の有形文化財でもある。常設展示では米子の明治から昭和にかけての生活用具や米子城に関する資料を展示。年間数多くの企画展、講演会や歴史教室を開催している。

海とくらしの史料館　境港市花町

境港市の海と暮らしをテーマにした博物館。建物は改修した酒蔵である。「日本最大級の魚のはく製ミュージアム」を標榜するとおり、約700種4千体の魚の剝製を収蔵し、展示室にも数多くの剝製が並ぶ。乗船できる本物の漁船もある。民俗資料や地域の版画家の作品展示も行っている。企画展や講座、土日祝日には小学生向けのクイズラリーも行っている。

名　字

〈難読名字クイズ〉
①網師野／②王身代／③大山霞／④飼牛／⑤欠間／⑥言水／⑦西古／⑧妻藤／⑨助飛羅／⑩寸古幾／⑪十九百／⑫坶／⑬根鈴／⑭箟津／⑮安酸

◆地域の特徴

鳥取県の名字も1位の田中と2位の山本が飛び抜けて多い、典型的な関西圏のパターンである。最多の田中は全県にまんべんなく分布しているが、とくに鳥取市など県東部に多い。それに対して2位の山本は比較的県内に平均的に分布している。そして、3位山根が入るのが鳥取県の特徴。高嶺の花、というときに「嶺」と書いて「ね」と読むように、山の頂上のことを「ね」といった。そして、この「ね」に「根」という漢字をあてることもあった。つまり、山根とは、「山の根＝山の頂上」という意味で、中国山地一帯に広く分布している。なかでも多いのが大山付近で、周辺と合併前の西伯郡大山町では人口の6％を占める最多だった。

6位の谷口は西日本一帯に広く分布する名字だが、人口比では鳥取が日本一。とくに因幡地方に集中している。14位の足立も人口に占める割合では日本一。人口が少ないため実数では他府県にかなわないが、人口比では最多となる名字は多い。伯耆（ほうき）地区に多く、とくに米子市と境港市に集中し

名字ランキング（上位40位）

1	田中	11	福田	21	清水	31	森本
2	山本	12	吉田	22	山崎	32	松田
3	山根	13	遠藤	23	長谷川	33	浜田
4	松本	14	足立	24	森田	34	竹内
5	前田	15	小谷	25	木村	35	田村
6	谷口	16	渡辺	26	岡田	36	山口
7	中村	17	井上	27	岡本	37	高橋
8	西村	18	加藤	28	林	38	門脇
9	山田	19	佐々木	29	西尾	39	坂本
10	小林	20	山下	30	伊藤	40	岸本

ている。15位の小谷は、他県では「こたに」が多いが、県内では「こだに」と濁ることが多い。

この他では、29位西尾や38位門脇が特徴。西尾は岐阜県にも多い名字だが、人口比では鳥取が最高。鳥取藩主池田家が美濃の出のため、鳥取県と岐阜県には意外と共通する名字が多い。門脇は門脇中納言といわれた平教盛の子孫とされ、全国に点々と集中地区がある。県内では米子市に集中しており、ここから隣の島根県松江市にかけて多い。東伯町に集中している加登脇は門脇から漢字が変化したものだろう。

41位以下では、54位生田、68位小椋、82位角、88位林原、98位景山が独特。林原は全国の4割ほどが県内にあり、県西部から広島県の東部にかけて激しく集中している。県内では大山町に多い。

54位の生田はとくに珍しい名字ではないが、鳥取の生田には独特の由来を持つものがある。江戸時代になって、岡山から池田家が藩主として入ってきた際に、もともと県内にいた池田家は名字を生田に変えたという。

これは鳥取藩だけに限らず、原則として各藩の藩士は、藩主と同じ名字は名乗らなかった。一般的に藩主と同じ名字を名乗れるのは藩主の一族や特別に許された重臣だけで、名字もまた上級武士の特権の一つだったのだ。

しかし、池田は全国に広く分布する名字のため、当然鳥取にも池田を名乗る一族がいた。彼らは、藩主に遠慮しつつも本来の名字からあまり離れないものとして生田を選択したといわれる。

角の読み方は「すみ」。全国的にも「すみ」という読み方が過半数だが、鳥取県では97%が「すみ」である。景山は山口県を除く中国4県に集中している名字。「景」は「陰」と同じで、日当たりのよくない山を指す。

101位以下では、米原、鷲見、石賀、永見、坪倉、都田、音田などが目立つ。なかでも石賀は全国の半数が鳥取県にあり、倉吉市から米子市にかけて多い。

●地域による違い

因幡地区では田中が圧倒的に多く、鳥取市、八頭町、岩美町などで最多。次いで山本、谷口が多く、山根や前田も目立つ。独特の名字としては、岩美町の沢、青谷町の房安、国府町の森原、福部村の井手野、八東町の保木本、用瀬町の加賀田、佐治村の光浪などがある。

伯耆地区は、東伯と西伯に分けられる。東伯地区では中心都市の倉吉市では1位山本、2位田中となっているものの、それ以外では山本と田中はそれほど多くない。東伯郡にあった旧9町村では最多の名字がすべて違い、山本が最多だったのは三朝町のみ、田中が最多だったのも大栄町のみだった。とくに旧北条町では磯江、旧関金町では鳥飼が最多であるなど、かなり独特の名字分布である。その他、北栄町の竹歳、琴浦町の石賀、湯梨浜町の陶山・戸羽など、独特の名字も多い。

西伯地区では山本・田中はさらに少なく、代わって、松本、山根、遠藤が多くなり、米子市、境港市ともに松本が最多。また、門脇や勝部、景山など、島根県の出雲地区と共通する名字も多い。特徴的な名字としては、境港市の角、淀江町の吹野、名和町の林原、会見町の赤井、日野町の梅林、日南町の坪倉などがある。

こうした東西の違いが如実にわかるのが「あだち」という名字である。県内には広く「あだち」が広がっているが、因幡地区では安達、伯耆地区では足立と漢字が違っている。

●金持一族のルーツ

秋田県など、各地に金持という縁起のよさそうな名字がある。この名字のルーツとなった地域が日野郡日野町金持である。現在では金持という名字は、「かねもち」か「かなもち」という読むことが多いが、日野町の地名は「かもち」である。名字の金持も本来は「かもち」だったはずだ。

金持の「金」はお金ではなく、金属のこと。つまり、金持とは「金属を持っている土地」のことである。島根県東部から鳥取県西部にかけては、かつて鉄の産地として知られた。「金持」という地名の由来も鉄を含んだ土地ということだろう。

この鉄を背景にして金持一族が生まれ、後醍醐天皇が船上山に挙兵した際には一族を率いて駆けつけ、その京都凱旋にも股肱（ここう）の臣の一人として従っている。しかし、南朝に属して各地を転戦する間に故郷は北朝方に奪われ、やがて一族は散り散りになってしまった。今では県内には金持さんはいない。

◆鳥取県ならではの名字

◎相見（あいみ）

山陰地方一定に広く分布している名字だが、ルーツは伯耆国相見荘（米子市）で、中世には巨勢氏の一族という相見氏があった。南北朝時代、宗国は後醍醐天皇を奉じて船上山に挙兵した名和長年の要請に応じて挙兵に参加している。現在も米子市に多い。

◎北窓（きたまど）

豊臣秀吉が立ち寄った際に、「日入らず」という酒を出したところ、「日が入らないのは北の窓だ」ということで、「北窓」という名字を賜ったという。

◆鳥取県にルーツのある名字

◎名和（なわ）

伯耆国汗入郡名和荘（西伯郡大山町名和）がルーツで、村上源氏と称しているが実際は不明。長年が長田氏から名和氏に改称、後醍醐天皇の船上山での挙兵を助けて有名になった。長年の死後も一族は南朝方の有力大名として戦った。長年の孫の顕興は懐良親王に従って肥後国に下向し、八代城に拠った。子孫はのちに宇土氏と改称、江戸時代は柳河藩士となった。のちに名和氏に復し、維新後は、先祖の功により男爵を授けられた。

◆珍しい名字

◎十九百（つづお）

「つづお」と読む難読名字で鳥取市にある。古語で「二十」のことを「つづ」といったが、いつのまにか「十九」も「つづ」と読むようになったらしい。また、「八百」と書いて「やお」と読むことから、「百」を「お」と読ませることもあった。そのため「十九百」と書いて「つづお」と読む。

◎ 谾（ながたに）

「谾」と書いて「ながたに」と読む超難読漢字の名字が鳥取県にある。龍のような形をしている長い谷ということで、この漢字1字で「ながたに」と読む。

◎ 埘（ねぐら）

大山町の名字。後醍醐天皇が隠岐から脱出して名和に上陸した際、戸屋家が自分の家に迎え、鶏の埘に偽装して匿ったことから、後醍醐天皇から埘という名字を賜った。

〈難読名字クイズ解答〉

①あじの／②おうしんだい／③おおやまあられ／④かいご／⑤がんま／⑥ごんすい／⑦さいこ／⑧さいとう／⑨すけひら／⑩すこぎ／⑪つづお／⑫ねぐら／⑬ねれい／⑭のつ／⑮やすかた

Ⅱ

食の文化編

米／雑穀

地域の歴史的特徴

米子市の目久美遺跡からは紀元前250年頃とみられる水田や用水路などを整備した農耕集落が見つかっている。

飛鳥時代の頃、現在の鳥取市久松山付近は鳥取部（とりとりべ）とよばれた。部は、役割を与えられた人々を意味し、鳥を取る役目を与えられた人々が住んでいたことが鳥取県名の由来である。

江戸時代には、因幡（いなば）、伯耆（ほうき）の2国を合わせた地域が鳥取藩になった。鳥取藩は、1759（宝暦9）年、鳥取県西部の日野川から取水し、弓ヶ浜を通って境港（さかいみなと）に達する米川用水を開通させ、新田を開発するなど、米づくりの基盤整備に力を入れた。

1871（明治4）年の廃藩置県で、鳥取藩は鳥取県になったが、1876（明治9）年には島根県に合併された。その後、士族を中心に鳥取県再置運動が起き、1881（明治14）年9月12日に鳥取県が生まれた。同県は9月12日を「とっとり県民の日」に制定している。

コメの概況

水稲の作付面積、収穫量の全国順位はともに37位である。収穫量の多い市町村は、①鳥取市、②倉吉市、③米子市、④大山町、⑤八頭町、⑥日南町、⑦伯耆町、⑧琴浦町、⑨北栄町、⑩南部町の順である。県内におけるシェアは、鳥取市24.7％、倉吉市11.0％、米子市8.1％、大山町7.8％などで、鳥取市と倉吉市で県生産量の3分の1以上を生産している。

鳥取県における水稲の作付割合は、うるち米95.0％、もち米3.0％、醸造用米2.1％である。作付面積の全国シェアをみると、うるち米は0.9％で全国順位が香川県と並んで36位、もち米は0.7％で大分県、鹿児島県と並んで28位、醸造用米は1.3％で17位である。

知っておきたいコメの品種

うるち米

（必須銘柄）コシヒカリ、ひとめぼれ
（選択銘柄）あきたこまち、おまちかね、きぬむすめ、日本晴、ヒカリ新世紀、ヒノヒカリ、ミルキークイーン、ヤマヒカリ

うるち米の作付面積を品種別にみると、「コシヒカリ」が最も多く全体の45.3％を占め、「ひとめぼれ」（27.1％）、「きぬむすめ」（25.4％）がこれに続いている。これら3品種が全体の97.8％を占めている。

- **コシヒカリ**　収穫時期は9月上旬～下旬で、早生品種である。県内産「コシヒカリ」の食味ランキングはＡである。
- **ひとめぼれ**　収穫時期は9月上旬～中旬で、早生品種である。県内産「ひとめぼれ」の食味ランキングはＡである。
- **きぬむすめ**　収穫時期は9月下旬～10月上旬で、中生品種である。関西以西で販売されている。2015（平成27）年産の1等米比率は77.2％だった。県内産「きぬむすめ」の食味ランキングは2013（平成25）年産以降、特Ａが続いている。

もち米

（必須銘柄）なし
（選択銘柄）オトメモチ、鈴原糯、ハクトモチ、ヒメノモチ

もち米の作付面積の品種別比率は「ヒメノモチ」（全体の40.7％）、「ハクトモチ」（40.4％）がほぼ半々であり、この2品種が全体の81.1％を占めている。

- **ハクトモチ**　農水省（現在は農研機構）が「中国51号」と「アキシノモチ」を交配して1988（昭和63）年に育成した。耐倒伏性が強い。

醸造用米

（必須銘柄）なし
（選択銘柄）強力、五百万石、玉栄、山田錦

醸造用米の作付面積の品種別比率は「山田錦」が最も多く全体の34.9％

を占め、「玉栄」(15.7%)、「強力」(14.1%)がこれに続いている。この3品種が全体の64.7%を占めている。

- **玉栄**　愛知県が「山栄」と「白菊」を交配し1965(昭和40)年に育成した。
- **強力**　鳥取県東伯郡の渡辺信平が21種類の在来品種から選抜して1891(明治24)年に育成した。1915(大正4)年に鳥取県で「強力1号」「強力2号」が純系分離された。

知っておきたい雑穀

❶小麦

小麦の作付面積の全国順位は鹿児島県と並んで40位である。収穫量の全国順位は41位である。産地は大山町、伯耆町などである。

❷二条大麦

二条大麦の作付面積の全国順位は15位、収穫量は13位である。主産地は北栄町で、作付面積では県内の56.3%を占めている。

❸六条大麦

六条大麦の作付面積、収穫量の全国順位はともに24位である。

❹ハトムギ

ハトムギの作付面積の全国順位は5位である。統計では収穫量が不詳のため、収穫量の全国順位は不明である。主産地は八頭町(県内作付面積の41.9%)、鳥取市(40.0%)、岩美町(18.1%)である。

❺トウモロコシ(スイートコーン)

トウモロコシの作付面積、収穫量の全国順位はともに15位である。主産地は鳥取市、大山町、琴浦町などである。

❻そば

そばの作付面積の全国順位は22位、収穫量は24位である。産地は日南町、大山町、鳥取市、南部町などである。

❼大豆

大豆の作付面積の全国順位は28位、収穫量は26位である。産地は倉吉市、鳥取市、北栄町、米子市、大山町などである。栽培品種は「サチユタカ」「黒大豆」などである。

❽小豆

小豆の作付面積の全国順位は19位、収穫量は14位である。主産地は倉吉市、鳥取市、八頭町、日南町、大山町などである。

コメ・雑穀関連施設

- **大井手用水**（鳥取市） 鹿野城主亀井公が1602（慶長7）年から7年の歳月をかけて開削した。幹線の延長は16km余である。一級河川千代川（せんだい）左岸の鳥取市内670haの水田を潤し、鳥取県東部の穀倉地帯に欠かすことのできない疎水である。
- **安藤井手**（八頭町） 1823（文政6）年に完工した。八頭町安井宿の八東川から取水し、八頭町宮谷まで10.8kmの農業用水路である。受益面積は郡家地域の水田を中心に80haである。水路は、峠越えの箇所はトンネルとし、特産の「花御所柿」や「西条柿」の畑の近くを縫うように流れている。
- **狼谷（おおかみだに）ため池**（倉吉市） 国立公園「大山」のすそ野にある天神野台地の開拓田を潤すため1922（大正11）年に着工し、24（同13）年に完工した。戦後、貯水量132万トンの大規模なため池に拡大され、現在も150haの水田のかんがい用水として利用されている。湖面に映る逆さ「大山」の姿が美しい。
- **大成池（おおなるいけ）**（伯耆町） 伯耆町丸山集落の上流、標高360m地点に位置する。池の外周は510mである。大山の伏流水を水源にしているため、貯水量は3万7,600トンで安定している。下流地域を含め約230haの水田を潤している。毎年春には、丸山集落主催で、「大成池ふれあい祭」が催される。
- **蚊屋井手**（伯耆町、米子市、日吉津村） 鳥取県西部の日野川右岸に広がる地域である。この地域は、井手が開削される前までは水害や干ばつに悩まされていた。このため、江戸時代前期に日野川を水源とする井手が開削された。その後、何度も改修を重ね、現在も1,130haの水田に水を送っている。

コメ・雑穀の特色ある料理

- **いただき**（県西部） 油揚げに包まれた炊き込みご飯である。三角の形が大山の頂を思わせるところから名前が付いた。かつては、油揚げの形が防寒用の綿入れの布子（ぬのこ）に似ているため、なまって「ののこ」ともよばれた。現在も、寒の入りには、家族の健康を祈ってつくられている。

- **どんどろけめし**（県中部） ふわふわの豆腐を入れた炊き込みご飯である。どんどろけは鳥取の方言で雷である。豆腐を炒めるときのバリバリという音が雷に似ていることから名前が付いた。豆腐はゴボウやニンジンなどと一緒にあらかじめ炒め、しょうゆで味付けしてから、ご飯に混ぜて炊く。
- **カニめし** 晩秋になり松葉ガニなどの漁が始まると、海寄りの地域ではカニを使った浜料理が並ぶ。カニめしもその一つである。カニをぶつ切りにして、調味料で味付けしてご飯と一緒に混ぜないで炊く。蒸らしてから全体をよく混ぜる。
- **大山おこわ**（県西部） 大山は、昔から修験者の道場として知られ、大山おこわなど山菜を主体にした精進料理が発達した。大山おこわは、もち米などをせいろなどで蒸し、いろいろな具を入れたおこわである。具はニンジン、シイタケ、ゴボウ、油揚げ、鶏肉、貝類などである。

コメと伝統文化の例

- **馬佐良（ばさら）の申し上げ**（南部町） 南部町の馬佐良集落に伝わる、収穫に感謝「申し上げ」る水神祭りである。竹でつくった荒神幣、新稲わらで編んだわら蛇などを持って荒神さんまで行列する。新米でつくった甘がゆを荒神様の玉垣内にある埋め瓶に入れるが、その際、中に残っている液体の量でその年の農作物の吉凶を占う。開催日は毎年12月4日以降の土曜日と日曜日。
- **赤松の荒神祭**（大山町） わらでつくった全長25mの大ヘビを荒神に奉納する同町赤松の神事。1654（承応3）年、大干ばつに見舞われた赤松集落が氏神様のご神託を受けたところ、五穀豊穣などを祈って大ヘビを奉納せよと御告げのあったことが起源とされる。開催日は閏（うるう）年の3月第1日曜日。
- **江尾の十七夜**（江府町） 江尾は江府町に合併前の江尾町である。戦国時代、伯耆（ほうき）の国江美（えび）城は蜂塚氏一門の居城で、盂蘭（うら）盆の8月17日の夜は城門を開放し、盆の供養と豊年を祈る踊りで農民たちと一夜を明かした。

1565（永禄8）年に落城し、毛利の支配下となった後も住民たちは17日の夜を忘れず、「江尾のこだいぢ踊り」を今日まで続けている。開催日は毎年8月17日。

- **諏訪神社の柱祭り**（智頭町）　神社の本殿の四隅に大きな柱を建て五穀豊穣を祈願する。その前には、深山から切り出した杉の神木をムカデとよぶ台座に載せて、若者が担いで町なかを練り歩く。1782（天明2）年の大火の際、火伏せを願って長野の諏訪大社の御柱祭りにならって始めた。開催は7年ごとの寅年、申年の4月の中の酉の日。

こなもの

生姜せんべい

地域の特色

本州の中国地方の北東部に位置する県である。県域は東西に細長い。かつての因幡(いなば)・伯耆(ほうき)の2国を占める。江戸時代池田氏の城下町であった。

鳥取県の南部は中国山地で、北部は日本海に面し、鳥取・倉吉・米子の3平野がある。中国山脈からは千代(せんだい)川、天神川、日野川が流れていて、下流に平野が広がっている。日本海沿岸はリアス式海岸を形成しているので漁業も発達している。浦富海岸から鳥取砂丘、北条砂丘と続く海岸となっている。気候は春から夏にかけては晴天が多いが、冬は寒く、降雪、積雪も多い。

食の歴史と文化

明治時代後期には、果樹園経営者の北脇栄治が、千葉県から二十世紀ナシの苗を買い入れて栽培を開始し、普及と改良に努め、二十世紀ナシは現在も国内生産量は多い。

鳥取の沖合は、暖流と寒流のまじる好漁場であり、マグロのほかズワイガニ、ベニズワイガニ、マアジ、マサバ、ハタハタ、イカ類などが境港・網代(あじろ)・泊(とまり)・鳥取（加露(かろ)）などの漁港を中心に水揚げされている。

鳥取県が有する砂丘に適した農作物の栽培に力を入れているのが、鳥取県の農作物の特徴である。弓ヶ浜周辺では白ネギ・サツマイモ、北栄町ではナガイモ、中・東部の砂丘地ではラッキョウなどが主に栽培されている。

伝統野菜の「伯州(はくしゅう)一本ネギ」は昭和初期に開発し、米子・境港を中心に栽培している。「板井原(いたいばら)ダイコン」は智頭(ちづ)町を中心に栽培している。

郷土料理の「いただき」は、油揚げの中に米や野菜などを入れて炊いたもので、弁当や祭りの惣菜として作られてきた。

鳥取は、境港を中心に魚介類の水揚げの多い地域である関係で、魚介類を使った郷土料理が多い。かにずし、サバの押しずしがある。鳥取の人々は竹輪が好きといわれている。江戸時代から鳥取の東部に伝わっているものに「豆腐竹輪」がある。鳥取地方の雑煮のだしにはアゴ（トビウオ）の焼き干しを使うように、トビウオを使った食品も多い。例としてトビウオを原料とした竹輪（アゴの竹輪）があげられる。

鳥取県の名物菓子類には「ふろしきまんじゅう」、米子の「白羊羹」がある。

知っておきたい郷土料理

だんご・まんじゅう類

①うちごだんご

お盆に仏壇に供えるだんご。乾燥大豆の粉を水で練り、だんごに丸めたものを煮て、砂糖と醤油で味付ける。

西伯郡では、田圃のあぜに大豆をつくり、煮豆、豆腐、黄な粉などに加工するほか、味噌や醤油の原料とするなど、家庭での利用が多い地域である。

②打吹（うつぶき）公園だんご

倉吉市幸町の石谷精華堂が製造・販売している団子で、地元では「公園だんご」の名で親しまれている。元弘3（1333）年、後醍醐天皇を船上山に迎えた名和長年公が天皇に甘茶団子を献上したという故事を聞いた初代の石谷すま氏が、明治13（1880）年に創業したといわれている。現在の白餡・小豆餡・抹茶餡の3種の餡で包まれた餅を串に刺した団子として定着したのは、明治中期になってからであると伝えられている。現在は、アメリカ、フランスでも紹介されている。抹茶とセットで賞味すると、より一層の趣がある。

③ふろしきまんじゅう

鳥取県東伯街の「山本おたふく堂」で作っている饅頭。黒砂糖を基本に、四国・徳島の砂糖きびから作る高級砂糖を利用し、良質の小麦粉、小豆のこし餡を材料としている。とくに、黒糖の独特の風味、甘味をおさえて淡白な口当たりが、多くの人から高い評価を受けている。もともとは、江戸時代から営業をしていたが、本格的な営業は明治時代に入ってからといわれている。

④生姜せんべい

明治時代後期に庶民の菓子として生まれた。せんべいにうっすらと白くかけてある生姜は、鳥取の砂丘にうっすらと積もった雪を連想させる「生姜せんべい」である。現在では、せんべいの店が減少し、鳥取市内では数軒しか存在しないようである。生地は型に入れて焼き上げるが、焼き上がって固まるまでの数秒の間に波形に仕上げる。波形ができたら生姜蜜（生姜をすりつぶした汁に砂糖を入れて煮詰めたもの）を塗って乾燥させる。

⑤日本海えびせんべい

新鮮なアマエビを生地に練りこんだ煎餅。青海苔の風味とパリッとした食感が人気。

⑥とち（栃）の実の製品

鳥取県は栃の実の利用した食品が多い。

- とち餅　もち米の粉に栃の実をまぜた生地で、餡を包み蒸し上げた「白栃」、漉し餡で栃餅を包んだ「赤とち」がある。栃の実は、縄文時代から食用としていた。ただしアクが強いので、そのまま食べると苦く舌に刺すような痛みを感じるので、栃の実は半月以上水に浸しておいてアクを除いてから乾燥して使う。
- 栃の実せんべい　栃の実に卵、小麦粉を加えて生地を作りせんべいに加工する。アク抜きが終わり乾燥した栃の実は、細かく砕き、これを小麦粉や卵の入った生地に練りこんでからせんべいに焼く。古くからカラリとした食感が好まれた。古代書にもこのせんべいの作り方や食感の記録が残されているという。

お焼き・焼きおやつ・お好み焼き・たこ焼き類

①おやき

蒸かしたサツマイモをつぶし、水を加えた小麦粉の軟らかい生地をまんべんなくくっつけて焼いたもので、秋の間食用に作る。

②釜焼きもち

ミョウガの葉で包んだ餡入りの焼きもちで、旧暦6月15日の「水神さま」に供える。

うるち米ともち米を合わせて粉にし、蒸して臼で搗(つ)いて、ミョウガの葉を当てて、鉄板で焼く。

めんの郷土料理

①大山(だいせん)そば

奈良時代に、鳥取の大山寺(だいせんじ)の創建により山岳信仰の霊場として栄え、大山寺の精進料理の一つとしてそばが食べられていたことから、「大山そば」が始まったといわれている。大山の山麓は古くから牛馬を飼育し、ソバの産地でもあったことから、大山寺の精進料理として利用されていたと思われる。現在、「大山そば」として認定されている条件には、①大山の麓で育ったそば粉を使用すること、②大山そばの由来を提示することができること、となっている。鳥取県西伯郡大山町の「大山そば」は認定されたそばである。大山寺の高僧･基好上人(きこうしょうにん)（生没は分からないが、承安3（1173）年頃には大山寺の僧侶であった）が、広い大山の裾野を利用して牛馬の放牧のほか、農作物の栽培を積極的に奨励した。この中でソバの栽培も奨励した。大山の伏流水を活用したそば作りも盛んに行われ、大山の牛馬市に集まった人たちが、「大山そば」としてもてはやしたのが、このそばが有名になった理由といわれている。「大山そば」の基本は「小麦粉：そば粉／2：8」のいわゆる二八そばである。ソバの種子を挽くにあたっては、甘皮を入れて挽くので黒みのあるそば粉である。出雲そばに似ているところがある。そばが有名になってから現在で、800～850年もの歴史がある。

神奈川県の大山(おおやま)は、大山阿夫利神社であり、鳥取の大山(だいせん)とは異なる。

▶「二十世紀」から生まれた「なつひめ」「新甘泉」の姉妹

くだもの

地勢と気候

鳥取県の南側には標高1,000m程度の中国山地があり、北側は日本海に面している。県内には中国山地に源流をもつ千代川、天神川、日野川が日本海に流れている。各河川の下流部には、鳥取、倉吉、米子を中心とした沖積平野が形成されている。東部には鳥取砂丘、西部には大山が独立峰としてそびえている。

冬は北西からの季節風の影響を受けて雪が多く、夏は晴れた日が多く気温も高い典型的な日本海側の気候である。大山や中国山地を中心に冬季にはかなりの積雪がある。瀬戸内の気候に比べると、全体として日照時間は短い。

知っておきたい果物

日本ナシ

日本ナシの栽培面積の全国順位は3位、収穫量は5位である。栽培品種は「二十世紀」「秋栄（あきばえ）」「なつひめ」「新甘泉（しんかんせん）」などである。主産地は湯梨浜町、鳥取市、琴浦町、倉吉市、大山町、八頭町などである。鳥取県産ナシの出荷時期は8月上旬～11月中旬である。「二十世紀」は鳥取県の秋の味覚の代表である。8月下旬頃に消費地で初せりが行われる。

鳥取県における「二十世紀」の生産は1904（明治37）年に千葉県から導入されて以来、100年を超える歴史を誇る。「二十世紀」は千葉県生まれだが、病気対策に力を入れた鳥取県が大産地になった。鳥取県の「二十世紀」は、台湾、米国などにも輸出されている。

次世代の有力品種として鳥取県やJA全農とっとりが力を入れているのが鳥取県オリジナルの新品種の「なつひめ」と「新甘泉」である。「なつひめ」は青ナシで、「新甘泉」は赤ナシだが、両者はともに「筑水」と、「二十世紀」の枝変わり品種である「おさ二十世紀」を交配して育成した姉妹品種である。糖度は有袋栽培で「なつひめ」が12度程度、「新甘泉」が13～14度程度で、11～12度程度の「二十世紀」より高い。「二十世紀」の良さを受け継いでおり、「新甘泉」は赤ナシでありながら、青ナシのような歯触りの食感が楽しめる。

「秋栄」も鳥取大学が「二十世紀」と「幸水」を交配し、育成した赤ナシで、鳥取のオリジナル品種である。

7月4日の梨の日は、2004（平成16）年に当時の東郷町（現湯梨浜町）の「東郷町二十世紀梨を大切にする町づくり委員会」が語呂合わせで決めた。湯梨浜町の旧東郷町は「二十世紀」の大産地である。大規模なナシ選果場や、30haの大きなナシ狩り園もある。「二十世紀」梨の花は鳥取県の県花でもある。4月に満開になる。

スイカ　スイカの作付面積の全国順位は8位、収穫量は4位である。主産地は北栄町、倉吉市、琴浦町などである。出荷時期は6月上旬～7月中旬と9月中旬～下旬頃である。

「大栄西瓜」のブランドで知られる北栄町の旧大栄町はスイカの大産地であり、100年の歴史がある。作付面積、販売額とも全国2位になったこともある。JA鳥取中央は6月上旬頃に「大栄西瓜」のトップセールスを行っている。中東・ドバイに売り込んだところ、あまりのおいしさに「ドバイの太陽」と絶賛されたこともある。

「がぶりこすいか」は倉吉市、琴浦町、湯梨浜町などで生産している。「東伯がぶりこ」は黒皮で、種が少ない。倉吉市の「極実すいか」はスイカ本来の味を求めて栽培方法にこだわっている。

メロン　メロンの作付面積、収穫量の全国順位はともに8位である。栽培品種は「プリンスメロン」「アムスメロン」をはじめ、「タカミメロン」「エリザベスメロン」「アールスメロン」などである。県中部から西部にかけて栽培が盛んで、主産地は倉吉市、北栄町、大山町などである。出荷時期は5月中旬～7月下旬頃である。

サンショウ　サンショウの栽培面積の全国順位は8位、収穫量は7位である。主産地は鳥取市、三朝町、八頭町などである。

カキ　カキの栽培面積の全国順位は20位、収穫量は16位である。栽培品種は「西条」「花御所」「富有」などである。主産地は八頭町、南部町、鳥取市などである。

「西条」は渋ガキのため、ドライアイスで渋抜きして出荷する。「花御所」と「富有」は甘ガキである。「花御所」は鳥取県八頭町の郡家（こおげ）が原産地である。鳥取県産の「富有」は輸出もされている。カキの出荷時期は10月～1月頃である。

サクランボ

サクランボの栽培面積の全国順位は、埼玉県、福井県、京都府、兵庫県、島根県、熊本県と並んで18位である。収穫量の全国順位は、埼玉県、岐阜県、兵庫県、香川県、高知県、熊本県と並んで19位である。産地は琴浦町などである。収穫時期は5月下旬～6月下旬頃である。

リンゴ

リンゴの栽培面積の全国順位は、京都府、大分県と並んで28位である。収穫量の全国順位は19位である。主産地は大山町、八頭（やず）町、鳥取市などである。収穫時期は8月下旬～11月下旬頃である。

ブルーベリー

ブルーベリーの栽培面積の全国順位は26位、収穫量は36位である。主産地は江府町、鳥取市、大山町などである。収穫時期は6月中旬～8月下旬頃である。観光摘み取り園としての栽培が中心である。

キウイ

キウイの栽培面積の全国順位は34位、収穫量は兵庫県と並んで33位である。産地は鳥取市などである。収穫時期は11月頃である。

ユズ

ユズの栽培面積の全国順位は34位、収穫量は千葉県と並んで27位である。主産地は伯耆町、大山町などである。収穫時期は11月頃である。

ブドウ

ブドウの栽培面積の全国順位は36位、収穫量は鹿児島県と並んで30位である。栽培品種は「デラウェア」「巨峰」「ピオーネ」「シャインマスカット」などである。主産地は北栄町で、湯梨浜町、琴浦町などが続いている。出荷時期は6月下旬～8月下旬頃である。

鳥取県のブドウ栽培は、江戸時代末期に甲斐の国（山梨県）から苗木を取り寄せ、北条町（現北栄町）に植えたのが始まりである。本格的な栽培は1907（明治40）年頃から始まり、1921（大正10）年にはブドウ組合が結成され、県外市場にも出荷された。戦後、砂丘地を中心に植栽が進み、1965（昭和40）年以降は「巨峰」、1975（昭和50）年以降は「ピオーネ」が植栽された。

北栄町の砂丘地で育ったブドウは「砂丘ぶどう」とよばれる。「巨峰」を中心に、「デラウェア」「ネオマスカット」「ハニービーナス」「瀬戸ジャイアンツ」などが生産されている。湯梨浜町では「ピオーネ」「シャインマスカット」、琴浦町、鳥取市などでは「瀬戸ジャイアンツ」も生産されている。

桃 桃の栽培面積の全国順位は埼玉県と並んで33位である。収穫量の全国順位は31位である。主産地は鳥取市で、倉吉市、米子市でも生産している。鳥取市神戸(かんど)地区の収穫時期は7月下旬頃である。

イチジク イチジクの栽培面積の全国順位は32位、収穫量は33位である。主産地は北栄町、南部町、日吉津村などである。収穫時期は8月下旬〜10月下旬頃である。

ウメ ウメの栽培面積の全国順位は42位、収穫量は39位である。主栽培品種は「紅サシ」「野花(のきょう)豊後」が中心である。産地は湯梨浜町、鳥取市、琴浦町などである。出荷時期は6月頃である。

スモモ スモモの栽培面積の全国順位は、沖縄県と並んで41位である。収穫量の全国順位は39位である。産地は鳥取市などである。収穫時期は6月下旬頃である。

クリ クリの栽培面積の全国順位は43位、収穫量は富山県と並んで42位である。主産地は日南町、大山町、鳥取市などである。

イチゴ イチゴは湯梨浜町など県中部地区を中心に生産されている。栽培品種は「章姫(あきひめ)」「紅ほっぺ」「とよのか」などである。近年では、立ったまま栽培を行う高設栽培も増えている。出荷時期は11月上旬〜5月中旬頃である。

地元が提案する食べ方と加工品の例

果物の食べ方

梨と鶏肉のカレー（JA全農とっとり）

鍋でタマネギを炒め、おろしニンニクなどを加えてカレー粉で炒め合わせ、一口大のナシを入れて煮る。炒め焼きした鶏肉を入れ、ココナッツミルクを加えて混ぜ合わせる。

梨の豚巻き照り焼き風（JA 鳥取いなば）
青シソに一口大のナシをのせて巻き、さらに豚肉を巻いて、肉の巻き終わりを下にして肉に火が通る程度に焼く。調味料を入れて味がなじむように一煮立ちさせる。
イチゴのパンナコッタ（JA 鳥取いなば）
パンナコッタはイタリアのデザート。固まったパンナコッタの上にイチゴソースをかけて、ミントの葉を飾る。パンナコッタの材料は粉ゼラチン、豆乳、生クリームなど。
ブドウのタルト（JA 鳥取いなば）
豆乳と、砕いたビスケットを使った丸いタルト生地の外周に、湯むきしたブドウを盛り付け、カスタードクリームをのせる。湯でゼラチンを溶かし、ブドウに塗る。
赤ナシの米粉ロールケーキ（JA 鳥取いなば）
米粉でモチモチ食感のスポンジをつくり、八分立てに泡立てた生クリームを塗り、ナシのコンポートを散らす。オーブン用シートを巻紙にして巻き、約 1 時間冷やす。

果物加工品

● 北条ワイン

消費者向け取り組み

● 鳥取二十世紀梨記念館・なしっこ館　倉吉市

魚　食

地域の特性

鳥取県は中国地方の北部に位置し、日本海沿岸はリアス式海岸の富浦海岸から鳥取砂丘、北条砂漠と続く砂浜海岸となっている。中国山地に源を発する千代(せんだい)川、天神川、日野川が日本へ注いでいる。

山陰地方の日本海側の海岸には、島根半島のようなリアス式海岸、鳥取砂丘のような砂丘などの地形を有する。沖合は、九州西岸を北上し対馬海峡を経て流入した暖流が、数条に分岐して流れていて、回遊魚が多い。北方に位置する隠岐諸島の海底は複雑で、陸棚、海嶺、頂部が平な海底の高くなった堆(たい)、円形ないし楕円形などの海底の窪みの海盆(かいぼん)などがあり、複雑な海況を生み出している。地質的にみた日本海の形成の歴史は若く、玄武岩と花崗岩からなる海岸線は日本海の削りだした海蝕崖(かいしょくがい)、洞窟(どうくつ)、洞門(どうもん)、岩礁があり、磯魚やウニ類、アワビ類、カキ類の生息に適した地形となっている。海中にはホンダワラを中心とした海藻の林があり、磯魚の稚魚や幼魚の絶好なすみかとなっている。鳥取県北西部、弓ヶ浜北部にある境港は江戸時代に発展した商業港、漁港で、現在も海外との交易港として、漁港として重要な地域である。

魚食の歴史と文化

江戸時代はじめ（1632年）に、池田光仲(みつなか)が鳥取藩主として因幡(いなば)・伯耆(ほうき)の２国が与えられ、鳥取の人々の日常生活や精神面に影響を与えたといわれている。とくに伯耆の中心地だった米子(よなご)は池田家の影響により商人の町として栄えた。池田光仲は、「魚の代わりに豆腐を食え」といい、豆腐料理をすすめたので、江戸時代から豆腐をよく食べるところといわれていた。明治中頃には、人口３万人弱の鳥取の街には、100軒近くの豆腐屋があったといわれている。現在も、鳥取の名産品として「とうふ竹輪」が受け継がれているのは、江戸時代からの流れとして生まれたもののようである。

5～7月には、鳥取の沖合ではトビウオの漁獲量が多くなる。鳥取の人々にとっては郷土の食材としていろいろな料理が工夫されている。トビウオを使った竹輪「野焼き」は鳥取では古くから伝わっている伝統食品である。

知っておきたい伝統食品・郷土料理

地域の魚介類

この地域に水揚げされる主な魚介類には、ズワイガニ、ベニズワイガニ、天然イワガキ、サバ、フナ、ハタハタ、赤カレイ、クロマグロ、タナカゲンゲなどがある。ズワイガニは、鳥取地方では松葉ガニといっている。

最近人気の魚介類には、クロマグロ（境港）、トビウオ、シロハタ、アカガレイ、シロイカ（ケンサキイカのこと）、モサエビ（流通量は少ない）、イワガキ、シジミ（東郷池）、マツバガニ（ズワイガニ）などがあげられる。

川魚貝類ではコイ・ドジョウ・アユ・ウナギ・スッポン・フナ・シジミなどが獲れる。

伝統料理・郷土料理

①サバ・イワシ料理

鳥取県と島根県の県境にまたがり、弓ヶ浜先端にある境港（さかいみなと）は、アジ類、イワシ類、サバ類、ズワイガニ、スルメイカ、ブリなどが水揚げされる日本有数の漁港である。この漁港に水揚げされたサバやイワシは鳥取県内にも流通し、郷土料理や伝統料理の材料となっている。

- さばずし　県の東部で作る正月料理で、サバと米麹を漬け込んだものである。
- イワシのつみれ汁　イワシのつみれ（団子）を味噌汁の具にしたもの。昔は手間をかけた目先の変わった料理だった。
- その他　いわしずし

②イギス料理

海藻の一種のイギスを煮溶かして固めた料理。冠婚葬祭や法事に作られる。日常的に作って食べる料理でもある。

イギスは紅藻類の一種で、加熱溶解し、冷やすことにより凝固させ、寄せ物料理に使われる。現在では細々とその製法や料理が伝承されているにすぎない。すでに、平安時代には「海髪」の字を当てて利用していたようである。

③赤貝飯

米子の名物で、赤貝・ゴボウ・ニンジンを入れた炊きこみご飯。赤貝に似たサルボウを使うところもある。

④アゴ料理

トビウオのこと。鳥取ではツバメウオともいう。夜間に集魚灯に群れ集まるトビウオを、網ですくいとる。この方法は魚体に傷がつきにくい。刺身・魚田（ぎょでん）・塩焼きで食べることが多い。

日本海では5月から初夏にかけて、トビウオ（アゴともいう）が産卵のために北上してくる。これを上りアゴといっている。アゴの漁法の一つのすくい網漁法は、夜間の集魚灯に集まってくるアゴを網ですくいとるユニークな伝統漁法である。山陰地方ではこの時期のトビウオは、産卵直前なので脂がのっており珍重されている。その証拠として、山陰地方の魚市場ではトビウオの値段は1尾や重量で決めるのでなく、1羽単位で値をつけている。野焼きちくわは、1時期に大量に獲れる魚であるトビウオを有効に利用する方法として、島根県の出雲地方で作ったのが発端となっている。調味料に地伝酒、焼酎などを使い、島根県のふるさと認証食品となっていて、鳥取県の野焼きちくわと歯応えや身の厚さを差別している。アゴの身肉は小骨が多いという欠点はあるが、身が締まって、淡白な風味を持っている。

- アゴの竹輪　トビウオのすり身を太い竹に巻きつけたまま焼く竹輪。
- アゴの干物　背開きして一夜干しにしたもの。
- 焼きあご　焼きあごは、この地方ばかりでなく、九州方面でも雑煮や湯豆腐のダシに使う。
- アゴの天ぷら蒲鉾　アゴのすり身に、ヤマイモ・卵・かたくり粉を入れ、味噌・砂糖・酒・ショウガで調味して油で揚げたもの。つき揚げ、つけ揚げともいう。
- あご汁　アゴのつみれ・豆腐・ネギを入れ、赤味噌したてにする味噌汁。
- あゆずし　千代川流域で、正月に作るアユの馴れずし。塩漬けにして保存しておいた落ちアユを、川に浸して塩出しする。すし飯と麹をアユの腹に詰め、1カ月以上重石をのせて熟成させる。

⑤イタヤガイ

鳥取県の浜村民謡「貝殻節」に、イタヤガイが出てくることから、イタヤガイの料理が作られる。吸い物・貝焼き・酢の物・つけ焼き・天ぷらなどがある。

⑥松葉かに料理

ズワイガニを鳥取では松葉ガニという。鳥取では隠岐島付近で獲れる。茹でて二杯酢やポン酢で食べるほか、塩蒸し、カニすき、カニ豆腐、カニずし、カニ飯などの食べ方がある。

小型のものは、みそ汁・粕汁に入れる短冊に刻んだダイコンを加える。カニ味噌には白味噌を混ぜて、おろしショウガをカニの甲羅に入れ、直火で焼く。

⑦タナカゲンゲ料理

タナカゲンゲはノロゲンゲ（ドギ)、ガンコ（オトク）と合わせ、山陰の三大珍味といわれている。12～2月が旬。鍋料理、揚げ物に使う。地元ではババチャン料理といっている。ババチャンはタナカゲンゲのこと。

⑧ウニ

生に食塩をつけて賞味する。トビウオの竹輪やマツタケとのウニ和えもある。

⑨しろはたずし

ハタハタのことをシロハタという。ハタハタの内臓を除き、腹に二杯酢で締めたおからを詰めたもの。賀露地方の春祭りの食べ物。

⑩川魚料理

- あゆずし　アユの腹に麹を入れて１カ月ほど熟成させてから賞味する。
- ふなの子つくり　子持ちの寒ぶなを少量の酢で煮て、卵をほぐす。フナを三枚におろして糸造りにし冷水にさらす。身が固まったら、卵をまぶしてショウガ醤油で食べる。

▼鳥取市の１世帯当たりの食肉購入量の変化（g）

年度	生鮮肉	牛肉	豚肉	鶏肉	その他の肉
2001	40,391	9,958	14,069	12,799	1,204
2006	41,064	8,677	16,411	12,065	1,535
2011	42,982	7,302	16,205	14,298	1,647

鳥取県の日本海側は、リアス式海岸の福富海岸から西へ続く鳥取砂丘、北条砂丘の砂浜地帯となっているので、農作物としては、とくにラッキョウの産地として有名である。畜産業においては、鳥取県として肉牛の飼育と普及に力をいれている。（公財）日本食肉消費総合センターが刊行している銘柄牛、銘柄豚についてのハンドブック（平成14年版）には、数種類の銘柄牛は記載されているが、銘柄豚については1種類のみである。

現在の鳥取市のホームページには、鳥取県や鳥取市の活性化を求めて、地域の独自性の向上と競争力強化を目途に「地域ブランド」に注目を集め、鳥取県を含め鳥取市が中心となって、地域産業の付加価値を高め、地場産業の新たな活性化を計画し、進行中であることが理解できる。

銘柄牛や銘柄豚の開発は、行政主体の「鳥取県和牛ビジョン」が進められている。鳥取県の畜産課では、「食のみやこ鳥取県」を支えるために畜産物のブランド化、安定供給の推進に取り組んでいる。江戸時代の鳥取藩の頃は、日本の有数な役牛の生産地であった。現在は役牛に代わって肉牛の飼育により和牛王国鳥取の復活を目標としている。鳥取の銘柄和牛を開発し、それらの和牛の能力向上、頭数の増加などに取り組んでいる。鳥取藩は牛の購入金まで貸し付けてウシの飼育を奨励したことがあった。現在は、ウシの飼育に適した自然豊かな美歎（みたに）牧場を開発し、優秀な鳥取のウシを生産している。鶏では計画生産のできるブロイラーが盛んである。

野瀬泰申氏の『天ぷらにソースをかけますか？』（新潮文庫、2009）によれば、鳥取県内では、「肉といえば牛肉を意味する」地域を図で示している。「家計調査」では、鳥取市の1世帯当たりの牛肉の購入量は、2001

凡例　生鮮肉、牛肉、豚肉、鶏肉の購入量の出所は総理府発行の「家計調査」による年度が9,958g（豚肉14,069g）、2006年度が8,677g（豚肉16,411g）、2011年度の牛肉は7,302 g （豚肉16,205g）である。各年度の牛肉の購入量を1とした場合の豚肉の購入量は、2001年度が1.4倍、2006年度が1.8倍、2011年度が2.2倍と年々豚肉の購入量が増えている傾向が推察できる。鳥取県ばかりでなく、関西・四国地域では「肉といえば牛肉」を意味するのが普通である。この場合の牛肉は、串焼き、焼肉、カレーの具など家庭で使う肉料理の場合であり、豚肉は「ブタ」と名のつく豚肉料理に限られる。豚肉でも牛肉のどちらを使ってもよい料理には牛肉を使うので、「肉」といえば「牛肉」を意味するとの回答である。中国地方の牛肉の購入量が、鳥取市よりも多いのは、関西圏の牛肉志向を意味づけているともいえる。

上記の「家計調査」を資料として、中国地方と鳥取市の各年度の生鮮肉の購入量に対する各食肉の購入量の割合を求めると、下記のようになった。

中国地方の1世帯当たりと鳥取市の1世帯当たりの牛肉の購入量はおおよそ20%台であるが、鳥取市の2011年度の牛肉の購入量の割合が少ない。各年度の豚肉の購入量の割合は、中国地方の全体の1世帯当たりの場合も鳥取市の1世帯当たりの場合も約30～40%であるが、2011年度の豚肉の購入量の割合が37.7%で、牛肉よりも大である。この年度の牛肉の購入量は少ないが、豚肉の購入量の割合が増加している。鳥取市の「和牛ビジョン」は、1997（平成9）年に立ち上げられているが、消費者の牛肉の購入量は減少している。

鳥取県は日本海に面していて、日本海沿岸に水揚げされる魚介類が非常に美味しいので、魚介類を利用する傾向が多いという古くからの食材を利用する傾向が残っているからと推測している。

知っておきたい牛肉と郷土料理

昭和30年代から、肉牛の消費が拡大し、農業に機械化が導入されるようになり、肉用牛の需要が高まる。各県とも優秀な肉用牛の開発に取り組むようになった。鳥取県の畜産試験場は、1966（昭和41）年の肉牛の品評会で優秀な成績と評価された肉牛を開発してから、全国の和牛の改良の基礎となり、その血統は全国各県の銘柄牛にも受け継がれているものもある。これまで、鳥取系の肉牛に給与している飼料の影響により、肉質の脂質の構成脂肪酸としてオレイン酸が多いことが特徴で、この脂肪酸の占める割合は遺伝的にも確認されている。

鳥取県のホームページを見ると、鳥取県としては鳥取和牛に力を入れているようである。鳥取和牛のルーツは因伯牛といわれているから、すでに県内には素牛となる牛が生存していたことが推測できる。

銘柄牛の種類

鳥取の和牛は、江戸時代から血統の固定した因伯牛として評価の高い黒毛和種であった。鳥取和牛（オレイン55)、鳥取和牛（黒毛和種)、鳥取 F1牛（ホルスタイン種と黒毛和種の交雑種)、鳥取牛（ホルスタイン種)、因幡和牛（黒毛和種)、東伯和牛（黒毛和種)、東伯牛（和牛以外の品種)、美歎牛（ホルスタイン種）は、農協が関係している銘柄牛。万葉牛（黒毛和種)、大山(だいせん)黒牛（黒毛和種）などはプライベートの銘柄牛。これらの銘柄牛の中で、黒毛和種は因伯牛(いんはくうし)といわれる。

❶鳥取和牛オレイン55

これらの銘柄牛の中で主力になっているのは「鳥取和牛オレイン55」で、大山の麓の自然豊かな環境の牧場で肥育されている。この銘柄牛は、鳥取系とよばれる典型的な血統のウシで、血液中や肉の脂肪の脂肪酸はオリーブ油の主成分のオレイン酸を多く含む。脂質の脂肪酸組成として、常温では液体のオレイン酸が多いので、口腔内の温度でも溶けるような食感の軟らかな肉質である。鳥取和牛の中でも脂質の構成脂肪酸として55％以上を含むものは「鳥取和牛オレイン55」の銘柄牛として市場にでている。「鳥取和牛」の中で、オレイン酸を55％も含む肉質をもつ「鳥取和牛オレイン55」は約15％で、年間販売頭数は350頭程度といわれている。

鳥取和牛の料理

オレイン酸のうま味と食感を生かした料理は、しゃぶしゃぶである。肉料理を提供する鳥取県内の主な料理店も鳥取和牛の料理としてしゃぶしゃぶやすき焼きを薦めている。バラ肉など脂肪の多い部分については網焼きを提供している。

鳥取県の牛肉の郷土料理としてはステーキ、すき焼きなど全国的に共通している料理が多い。ラーメンには牛肉（焼き豚の牛肉バージョン)、牛肉しぐれ煮などが入る。カレーの肉は牛肉である。

- **牛肉しぐれ煮**　鳥取の郷土料理。ショウガ、ネギなど香辛野菜と湯通しした牛肉の落とし身と醤油やその他の調味料理とともに煮る。ピリッと辛味のある郷土料理である。

- **ホルモン焼きそば**　ホルそばともいわれている。牛の内臓の炒めものを味噌ダレで味付けたもの。

知っておきたい豚肉と郷土料理

銘柄豚の種類

❶東伯 SPF 豚

品種は（ランドレース×大ヨークシャー）×デュロック。東伯町農業協同組合が飼育・販売。オリジナルの飼料を投与。加工はドイツの食肉マイスターの技術を導入している。

❷東伯三元豚

自然豊かな環境の大山の山麓地帯（琴浦町＝旧東伯町）に養豚農家が点在し、それぞれ衛生管理の徹底した農場で、健康な親から生まれた子豚に抗生物質などの薬品をしない飼料を給与して肥育している。飼育しているブタの品種は三元豚（LWD）である。飼育日数の基準は約180日で、出荷時の生体重は110～120kg。生産農家中には独自の系統開発も行い、優秀な血統をもったブタを導入しているところもある。健康で良質の肉質をもったブタである。

❸大山ルビー（RB）

黒豚（バークシャー種　B）と大山赤ぶた（デュロック種　D）を交配したDB種が「大山ルビー」である。DB種は黒豚に比べて生産性がよい。肉質はキメ細かく脂身のうま味が強い。2010（平成22）年から市場に出回るようになった比較的新しい品種である。脂質の脂肪酸としてオレイン酸の多い大山赤ぶたと、肉質の美味しさでは評価の高い黒豚の交配であるため、両者の良い性質を受け継いでいて、肉質は赤色で、脂身のうま味さの評価が高い。

豚肉料理

トンカツ、しゃぶしゃぶ、ソテーなどの一般的な料理で食べる。小間切れ豚肉は「ダイコンと豚肉の炒め物」に用いられる。

知っておきたい鶏肉と郷土料理

❶大山どり

大山の麓で、こんこんと湧き出る大山の伏流水を与えて孵化から生産・処理までの一貫した生産体系で、大山どりの生産に取り組んでいる。品種はチャンキーである。出荷日齢は50～55日。

❷鳥取地どりピヨ

鳥取県中小畜産試験場が、シャモをベースに、ロードアイランドレッド、白色プリマスロックも交配させ、開発した地鶏。歯ごたえのある肉質で脂質含有量は少ないがコクがある。ブロイラーの肉のように軟らかくなく、鶏肉本来の野性味あふれる味をもっている。

鶏肉料理　水炊き、焼き鳥（串焼き）、から揚げ、もも肉のたたき、もも肉の炙り焼き、野菜との炒めもの、すき焼きなどに利用されている。

- **じゃぶ**　鳥取県の西部の弓ヶ浜に伝わる料理で、正月、祭りなど人寄せのときに作る変わりご飯。肉としては入手できるのは鶏肉だけの時代に作られた変わりご飯である。

知っておきたいその他の肉と郷土料理・ジビエ料理

鳥取県東部は、野生のイノシシ、シカによる農作物の被害を防ぐ対策に苦労している。その被害は年々大きく、捕獲・処分される頭数も増加している。

イノシシやシカの被害は多く、野生鳥獣の保護条例を策定し、生息数調製のための捕獲を行い、衛生的に処理・解体し、食べ方を募集している。

捕獲される野生のイノシシやシカの大部分は廃棄されるのが現状であり、食材としての有効利用が考えられている。ジビエ料理への利用としてフランス料理やイタリア料理、その他加工食品への利用が食品関係者の課題となっている。鳥取県は、ジビエ推進協議会を発足して野生のイノシシやシカの利用に取り組んでいる。

ジビエ料理を提供する店は、和歌山県に比べると非常に少ない。

- **イノシシ・シカの料理**　イノシシやシカは、かつてはマタギ料理　あるいは猟師料理として鍋料理や焼き物などで食べられることが多かった。

山里の宿泊施設の郷土料理であるイノシシ鍋やシカ肉の網焼きの他に、近年は、繁華街のイタリア料理やフランス料理の材料として使うところもある。さらに、鹿肉はカレーの具として利用され、あるいはレトルトカレーの具にも利用されている。鹿野地方のイノシシ肉は「因州しし肉」、シカ肉は「因州しか肉」といわれる。

- **鯨のさばあこ**　鳥取県の郷土料理の一つで、クジラの皮のついた脂肪組織を入れて作った雑炊。

▼鳥取市の１世帯当たり年間鶏肉・鶏卵購入量

種　類	生鮮肉（g）	鶏肉（g）	やきとり（円）	鶏卵（g）
2000年	40,235	10,750	1,661	45,333
2005年	38,152	12,032	895	41,514
2010年	44,520	15,513	1,294	37,937

鳥取県は、日本海に面し、沖合には暖流と寒流のまじる好漁場があるので、漁港が多い。とくに、境港は冬のズワイガニ（マツバガニ）の水揚げで賑わうことは有名である。畜産関係ではブロイラーの飼育が盛んである。日本海から吹き寄せる潮風と、大山（だいせん）周辺の自然環境、大山の伏流水が鶏や豚の飼育に適している。

鳥取県の地鶏・銘柄鶏には、大山どり（生産者；鳥取地どりピヨ農業協同組合）、大山赤黒鶏（だいせんせっこくけい）（生産者；東伯町農業協同組合）、鹿野地どりピヨ、美味鳥（びみどり）、大山産がいなどり、大山産ハーブチキンなどがある。

鳥取県にはウズラの肉や卵を使った郷土料理が多い。「ウズラのくわ焼き」はウズラの肉を叩いてやわらかくして、串焼きにしたものである。「ウズラの串焼き」はウズラの殻つきの生卵（3個）を串にさして焼いたもので、鳥取県独得の料理のようである。ウズラの卵のピクルスもある。ウズラの卵も肉も料理としてしまう独特の鳥文化の地域である。

2000年、2005年、2010年の鳥取市の1世帯当たりの生鮮肉の購入量は他の地域と大差はないが、鶏肉の購入量は松江市や山口市に比べると少ない。鶏肉の購入量については2000年よりも2005年が多く、2010年は2005年よりも増えている。鶏卵の購入量は松江市や山口市に比べると比較的多い。しかし、2000年の購入量より2005年の購入量は少なく、2010年は2005年より少ない。1世帯当たりのやきとりの購入金額は、松江市より少なく、山口市よりも多い。2000年は1,661円であったのが、2005年には895円と減少している。2010年には1,294円と増加しているが2000年ほどまでは増加していない。やきとりは家庭で食べるものでなく、料理店や居酒屋で食べるものとなっているのではないかと思われる。とくに、鳥取県の料理店で提供されるウズラは、小さい鳥なので、肉と骨を一緒に叩いて串焼きにされるので、家庭での料理には向いていない。鳥取県の人の性格は家庭思いであるらしい。この県民性は、やきとりの購入とも関係があるのかもしれない。なお、鶏卵の購入量は全国1位になる程である。

知っておきたい鶏肉、卵を使った料理

- **砂たまご**　鳥取砂丘の名物。鳥取産の卵を、1300年以上の歴史のある書道用高級和紙の因州和紙で包み、鳥取砂丘の砂で蒸した玉子。黄身が栗のようにホクホクしている。
- **春雨茶碗蒸し**　県西部の米子市などでは、茶碗蒸しに“春雨”が入るのが定番で家庭の味。由来は明らかでないが、まだ卵が高価な時代に卵の増量として使われたのではといわれている。他の具は一般的で、鶏肉、ギンナン、海老、椎茸、そして、地元特産のカニが入る。現在、地域活性化を目指してPR中。ちなみに、北海道の茶碗蒸しは甘くて栗の甘露煮が入り、大阪には“うどん”が入った茶碗蒸し“小田巻蒸し”という料理がある。
- **かに玉丼**　紅ズワイガニや松葉蟹の漁獲水揚げ量日本一の境漁港の名物料理。蟹肉がたっぷり入り、地元産の白ねぎとともにとろとろ卵で仕上げる。芙蓉蟹(ふようはい)や天津飯とも異なり、やや甘めの味付けが鳥取風。
- **卵かけご飯**　島根県雲南市の第三セクターが2002年に開発した。その後、「たまごかけご飯TKG」は全国的なブームとなった。2005年には雲南市で「TKGシンポジウム」も開催された。

卵を使った菓子

- **因幡の白うさぎ**　小麦粉と卵、地元産の大山バターで滑らかでしっとりした生地を作り、この生地で上品な甘味の黄身餡を包んで焼いた焼き菓子。赤い兎の眼が可愛らしい。寿製菓が作る鳥取銘菓。出雲神話の「因幡の白兎」に登場する兎は、大国主命と八上姫とを結びつけた“福”と“縁”の使者の大役を果たしている。この故事に因んで“福”のおすそ分けと“縁”を生み出すとして誕生した。
- **どら焼き**　名前の由来は、形が銅鑼に似ているからで、この銅鑼は、船

が出港するときに鳴らす銅鑼ではなくて、仏教の法会に用いる紐で吊り下げて槌で打つ楽器の銅鑼で、鉦とも書く。小麦粉と卵、砂糖などで作ったカステラ生地を丸く二枚焼き、間に餡を挟んだお菓子。

鳥取県のどらやき生産量は世界一。米子市の「丸京製菓」は、鳥取県が誇る食品技術の「氷温技術」を使い、国内外に向けてどら焼きを製造販売している。その生産量は世界一といわれている。「米子市営運動公園」も「どらやきドラマチックパーク米子」に改名した。4月4日（4と4で幸せ［4合わせ］）は「どら焼きの日」として日本記念日協会に登録されている。

地　鶏

- **鹿野地鶏（しかのじどり）ピヨ**　体重：平均3,200g。県の中小家畜試験場が、軍鶏とロードアイランドレッドを交配した雄に、白色プリマスロックの雌を掛け合わせて作出した。豊穣な鹿野の大地で丹精込めて育て上げた。ギュッと引きしまった肉質に、ほどよく脂がのり、どんな料理にも相性が良い。28日齢以降は平飼いで平均100日間飼養される。ふるさと鹿野が生産する。

銘柄鶏

- **大山（だいせん）どり**　体重：平均3,200g。こんこんと湧き出る名水を育む山陰の秀峰“大山”、その麓を中心に鶏の親である種鶏の育成から孵化、生産、処理までを一貫した生産体制で取り組んでいる。平飼いで専用飼料を与え平均53日間飼育する。食鳥処理では品質の良い肉を作るために水漬チラーではなくてエアーチラーを使用。鶏種はチャンキーやコブ。大山どりが生産する。
- **美味鳥（びみどり）**　体重：雄平均3,200g、雌平均2,800g。専用飼料に木酢液を添加することで鶏肉中のアンモニアを分解し、鶏肉特有の臭みのない自然の旨味が特長。飼養期間は平均50日間。鶏種はチャンキー。ハムソーセージ製造の米久のグループの米久おいしい鶏が生産するので衛生管理も徹底している。
- **大山産（だいせんさん）がいなどり**　体重：平均4,000g。平飼いで専用配合飼料を与え、一般のブロイラーより長い平均65～70日間飼育するので、適度な歯ごたえと深いコクがある。白色コーニッシュの雄に白色ロックの雌を交配。名和食鶏が生産する。「がいな」は鳥取地方の方言で「大きな」の意味。

- **大山産ハーブチキン**　体重：平均3,000g。ハーブのオレガノを加えた専用飼料で飼育した健康な鶏肉。鶏特有の臭いが少なく、色やしまりの良い肉質に仕上げた。平飼いで飼養期間は平均50〜55日。白色コーニッシュの雄に白色ロックの雌を交配。名和食鶏が生産する。

たまご

- **食彩の夜明け**　飼料にこだわり、鳥取県産のお米を専用飼料に豊富に配合。安全にこだわり、プロバイオティクス技術を使ったノーサンヘルシースイートを加えて二重三重のサルモネラ対策をしている。安全、安心、美味の食の創造を目指すイブキが生産する。緑の募金活動協力商品。
- **食彩の風**　鶏の体力増強と抗病力のアップを目的に専用飼料に60種類以上のビタミンとミネラル、アミノ酸を含む高級海藻を加えた。のどかな田舎で育った鶏が産んだ卵。コクと旨みが違う。安全、安心、美味の食の創造を目指すイブキが生産する。

県鳥

オシドリ、鴛鴦（カモ科）　オシドリの姿が美しく平和的で一年中県内の沼や池に生息しているので、県の鳥に制定された。雄の冬羽は、緑色の冠毛と翼に栗色から橙色のイチョウの葉の形をした反り上がった剣羽、思羽があり、胸は紫、背はオリーブで美しい。名前の由来は、雌雄が寄り添って泳いだり休むので、雌雄の仲が良いことに由来し、“鴛鴦夫婦”や“鴛鴦（えんおう）の契り”の言葉もある。英名はMandarin Duck。雄の冬羽が、中国清朝時代の官史風の服装に由来。長崎県、山形県、鳥取県も県鳥に指定。

汁　物

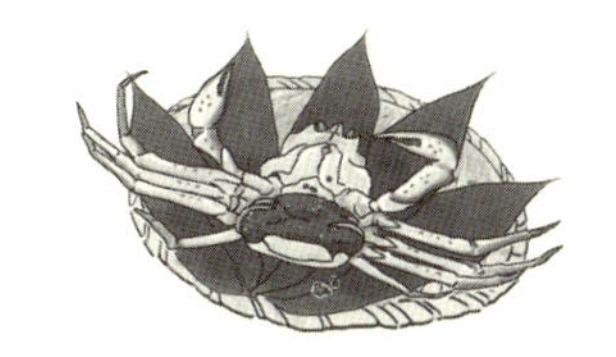

汁物と地域の食文化

鳥取県は中国地方の東部に位置し日本海に面している。県域は東西に長く、日本海沿岸はリアス式海岸で、冨浦海岸から西には鳥取砂丘、北条砂丘が位置する。「弁当忘れても、傘わすれるな」といわれるほど、天候は不順である。因幡地方のことわざに、「因幡の食い倒れ」があるとのこと。意味は「贅沢すれば身上がつぶれる」との警告らしい。鳥取藩は貧しく、藩主は領民に「魚の代わりに、大豆を食え」と言ったようである。明治・大正の時代でも家庭料理には野菜の白和えが多く、田舎には豆腐丼というものが残っている。鳥取の名物にも豆腐竹輪がある。

日本海に面している鳥取県の漁業は、それほど盛んではないが、冬にはズワイガニ（越前がに）が水揚げされるので、汁物として「ズワイガニの味噌汁」がある。鳥取では春や秋に水揚げされるマサバを味噌煮やしめ鯖にするが、「さばのすき焼き」という汁物か鍋物に属する料理がある。境港はサバの街として賑わい、さばずし、焼きサバなどいろいろなさば料理が展開した時期があった。その名残の一つが「さばのすき焼き」である。砂糖を少なめにし、辛味のあるすき焼きが特徴である。

鳥取県沖は、日本海では暖流と寒流の交叉する海域のため、好漁場となっている。境・網代泊・鳥取（賀露(かろ)）などの漁港を中心に漁業は盛んであるが、中でも境港の水揚げ量は全国でも多い方である。そのため、郷土料理には、魚介類を中心としたものの他に、ダイコンの漬物や、鳥取砂丘で育った「ハマボウフウ」の酢の物、ラッキョウなどがある。

汁物の種類と特色

汁物の郷土料理では、「ベニズワイガニ（セイコガニ）のみそ汁」「サバのすき焼き」、寒ウグイの味噌仕立ての汁「うぐいのじゃぶ」、冬に作る「ウサギのすき焼き」、川カニの甲羅、ふんどし（エラ）を除いて、熱くなっ

凡例　1世帯当たりの食塩・醤油・味噌購入量の出所は、総理府発行の2012年度「家計調査」とその20年前の1992年度の「家計調査」による

た汁にカニを入れ醤油で味付けした澄まし汁の「川がに汁」、トビウオのすり身団子を入れた「あご汁」、イワシのすり身を団子にして入れた「イワシのつみれ汁」、小豆を砂糖で甘く味を付けた「小豆汁の雑煮」（小豆雑煮）がある。

食塩・醤油・味噌の特徴

❶食塩の特徴

鳥取県では古墳時代から奈良時代にかけての遺跡から、塩づくりに使った製塩土器が発掘されている。江戸時代には鳥取藩が塩づくりをしていた。現在は、隠岐の島で塩づくりを営んでいる。

❷醤油の特徴

倉敷市の白壁土蔵の中で醸造したのが、桑田醤油場の濃口醤油である。「大地を守る会」の生産者の大豆と小麦を原料とした醤油は、杉桶の中で1年以上熟成させもので、煮物、和え物、焼き餅に適している。

❸味噌の特徴

県外の埼玉県の創業1902（明治35）年の「ヤマキ」に依頼して醸造した味噌が「神泉水仕込み玄米味噌」である。

1992年度・2012年度の食塩・醤油・味噌の購入量

▼鳥取市の1世帯当たり食塩・醤油・味噌購入量（1992年度・2012年度）

年度	食塩（g）	醤油（mℓ）	味噌（g）
1992	3,164	14,602	8,903
2012	2,162	6,270	5,415

▼上記の1992年度購入量に対する2012年度購入量の割合（%）

食塩	醤油	味噌
68.3	42.9	60.8

鳥取市の1世帯当たりの1992年度の食塩・醤油・味噌の購入量は松江市のそれより多い。大阪市や京都市など、近畿地方の県庁所在地の購入量に比べても多い。しかし、2012年度のそれらの購入量も近畿地方の大阪市や京都市、およびその他の県庁所在地よりも多いが、購入量が少なくなっている。郷土料理のすし、各家庭の味噌汁などに使う購入量の減少が主な原因と思われる。

外食や持ち帰りの弁当や総菜の利用により、20年間でこれら調味料の購入の減少が生じたことは、他の北海道、東京都、大阪府、京都府、その他の都道府県と同じく、食生活の様式の変化によると思われる。

地域の主な食材と汁物

鳥取県の地質には複雑な点がある。山の多い地形であるが、土壌は「黒ボク」とよばれる火山灰の土であり、沿岸部は砂丘地となっている。その地質を利用した農業が展開され、鳥取県の特産物を生み出している。たとえば、ラッキョウ、ナガイモ、白ネギ、サツマイモなどがある。日本海に面する境港は、日本海漁業の根拠地とし機能しているほか、中国や朝鮮半島との交易地ともなっている。

全県あげて「食のみやこ鳥取」のスローガンをあげ、健康、自然環境、食育、地産地消と各方面で活躍している。鳥取のトビウオ（地方名「あご」）を利用した竹輪（野焼き）は、鳥取の人がこよなく愛する練り製品らしい。焼きアゴは、山陰から九州の雑煮のダシの材料となっている。魚介類系のだし汁はかつお節のだし汁が主体のようであるが、山陰から九州に至っては「あごだし」が主力である。かつお節のダシとは、違ったうま味がある。

主な食材

❶伝統野菜・地野菜

砂丘ラッキョウ、伯州（はくしゅう）ネギ、砂丘ナガイモ、サツマイモ

❷主な水揚げ魚介類

マグロ、ズワイガニ、ベニズワイガニ、マアジ、イワシ、ハタハタ、サバ、イカ類、カレイ、トビウオ（アゴ）

❸食肉類

ブロイラー

主な汁物と材料（具材）

汁　物	野菜類	粉物、豆類	魚介類、その他
あご（トビウオ）の団子汁	ネギ	小麦粉→団子（つなぎ）	トビウオ→すり身→団子、調味（塩／味噌）

イワシのつみれ汁	ネギ（またはワケギ）、ショウガ	小麦粉→団子（つなぎ）	イワシ→すり身→団子
小豆雑煮		小豆、丸餅	調味（砂糖）
ベニズワイガニ汁（カニの味噌汁）	ダイコン		ベニズワイガニ、味噌仕立て
サバのすき焼き	ネギ	麩	サバ、調味（醤油／砂糖）
うぐいのじゃぶ	ネギ	呉	ウグイ、味噌仕立て
ウサギのすき焼き	ゴボウ、ニンジン、ネギ	油揚げ、豆腐、麩	調味（醤油／砂糖）
川がに汁（川ガニの身肉を砕いて、エキスをだし汁とする）	ネギ		モズクガニ、醤油仕立て
親ガニの味噌汁（学校給食で）	ダイコン、ネギ（小口切り）		ズワイガニのメス、味噌仕立て

郷土料理としての主な汁物

- **かにの味噌汁**　鳥取のカニといえばズワイガニ（地方名　松葉がに）である。高値で流通しているのは、体の大きい雄である。カニの中でも上品な甘味をもっている。脚や爪が折れていて流通にのせられないカニ、3月の脱皮したてのカニ、体の小さなベニズワイガニは、地元で味噌汁の具にする。カニの地元の人だけが知るカニの味噌汁の味である。
- **サバのすき焼き**　山陰地方のサバは、春から夏にかけて漁獲される。各種のサバ料理があるが、郷土料理としての汁物は、「サバのすき焼き」である。三枚におろしたサバは、刺身のように薄く切り、醤油・砂糖・水の調味液で煮る。ひと煮立ちしたら麩とネギを入れて煮ながら食べる。鳥取市を中心とした春から夏の日常食である。
- **うぐいのじゃぶ**　冬のウグイ（魚）は、身が締まって美味しい。内臓と粗を除き、身だけをぶつ切りにし、呉汁の実とする。だし汁の煮立ったところに、ウグイのぶつ切りを入れ、煮る。煮えたら前もって用意した呉汁を入れて、味噌仕立てにする。智頭（ちづ）地区では、ウグイの汁物を「じゃぶ」とよんでいる。

- **ウサギのすき焼き**　智頭地区では、冬に捕獲したウサギは、すき焼きにする。油揚げ、豆腐、麩、ネギとともに食べる。家庭ではたびたびは食べないが、ときには、豆腐の味噌汁にウサギ肉を入れるところもある。
- **川がに汁**　大山(だいせん)町では、川ガニのふんどしやエラを除き、すり鉢に入れて細かく搗く。これを水洗いして、汁を鍋に入れ、さらに水洗いした残りの殻や身を入れて煮立たせる。醤油で味を調え、ネギを散らす。秋から冬の寒い日に熱々の川がに汁を飲む。
- **親ガニの味噌汁**　11月から1月のズワイガニの旬の季節は、ズワイガニの親ガニが安く買えるので、学校給食にも「親ガニの味噌汁」が提供され、地元の美味しいカニの味を楽しむ。地産地消と地元の食文化の確認を行っている。親ガニは、甲羅の外に外子というオレンジ色の卵をもち、内側には内子という卵巣をもっている。内子の塩辛は、美味だが、たくさん作れないので値段は高い。

【コラム】本膳料理と権力者の食事

室町期に、本膳料理の完成をみるが、安土桃山時代には、それはさらに華やかに発達する。織田信長、豊臣秀吉、徳川家康らの権力者の食事は、朱塗りの蒔絵(まきえ)の膳組(ぜんぐみ)で二の膳、三の膳まで続く豪華絢爛な料理だったと伝えられている。やがて、庶民の社会の祝いの会食にも、権力者の豪華な食事が影響するようになった。一般には、一汁一菜（一飯）の「三器一膳」の形式が普及した。たとえば、具の沢山入った味噌汁は菜として供された。武家社会における豪華料理による供応は、外交的な意味をもつ重要な儀式であった。織田信長や豊臣秀吉は、諸国の大名を招待し、饗応によって関係を確かなものにする方法をとったといわれている。

伝統調味料

地域の特性

▼鳥取市の１世帯当たりの調味料の購入量の変化

年　度	食塩（g）	醤油（ml）	味噌（g）	酢（ml）
1988	4,183	19,849	10,518	2,846
2000	3,267	10,145	9,594	2,203
2010	1,872	6,237	4,038	2,055

鳥取砂丘は、鳥取市の日本海岸に広がる日本最大の砂丘である。この砂丘で栽培されるラッキョウの生産量は、全国１位である。このラッキョウを美味しく食べるための料理に伴う調味料の使用量も多いと推測できる。鳥取市の１世帯当たりの醤油の購入量は他市と比べると多いのも、ラッキョウの食べ方に関係があるように思われる。

ラッキョウの栽培は江戸時代に、ラッキョウは根をしっかりと張ることから防砂のために植えて栽培を始め、それが現在まで続いている。鳥取砂丘に続く福部地区がラッキョウの産地で、小粒で身が締まり、花ラッキョウに向いている。ほとんどが酢漬け、たまり漬け、味噌漬けなどにするので、日本の代表的調味料の食塩、醤油、味噌、食酢の１世帯当たりの購入量は他県に比べやや多いのではないかと思われる。

砂丘に生育するセリ科の「ハマボウフ」は吸い物や酢の物として食べることが多いことからも食塩や食酢は欠かせないが、鳥取市の１世帯当たりの食塩や食酢の購入量は年々減少しているようである。食塩については2000年から2010年の10年間に半分以上も減少している。醤油や味噌の購入量についても2000年に比べて2010年は同じように減少している。一方、食酢の購入量の減少の割合はそれほど著しくないのは、ラッキョウやハマボウフと食酢を組み合わせた食べ方が残っているからと思われる。

鳥取の郷土料理には、トビウオを原料とした練り製品がある。鳥取地方では、トビウオをアゴといい、「アゴの干物」「アゴの竹輪（「アゴ野焼き」または「アゴ入り野焼き」）」「アゴの天ぷら蒲鉾」などの魚の加工品をつくるためには食塩が必要である。アゴの竹輪の発祥は島根県の出雲地方であるが、現在は鳥取県の名物になっている。干物に対する食塩の効果としては、保存や塩味についての効果が期待されている。竹輪や蒲鉾のような練り製品に対する食塩の働きは、たんぱく質のゼリー化、弾力性に影響している。食塩の購入量は10年間で半分強に減少したが、食品加工における食塩の役割は、品質改良や調味においては欠かすことはできない。豆腐を材料とした「豆腐竹輪」も鳥取の名物である。

山陰地方から九州の長崎・福岡地方では、料理のだしにはアゴの塩干しや焼き干しが使われる。カツオ節や煮干しのだしとは違ったコクのあるだしがとれるので、関東地方でもアゴだしを使う店もある。東京・築地魚市場には、アゴの焼き干しだけでなく、サンマ、アジなどの焼き干しや塩干しなどだしの材料を専門に取り扱っている店がある。

鳥取県の大山（だいせん）地方の農家では、田のあぜに大豆を作り、一部は煮豆や自家製豆腐をつくる。さらには、自家製の味噌・醤油を作るので、農家では市販の味噌・醤油を買うことは少ないようである。保存してある乾燥大豆は、粉にして水を加えて練り、団子に丸めて煮つけ砂糖と醤油で味付ける「うちだんご」というのをつくる。農家で購入する調味料は食塩と砂糖が多いと思われる。

知っておきたい郷土の調味料

鳥取県には低温貯蔵を研究している会社があり、清酒、魚介類および果実類などの低温貯蔵についても研究している。低温貯蔵に関する研究が影響しているかどうかは明確ではないが、自然食品を製造・販売している市民グループによる調味料やその周辺の食品類の取り扱いが目立っている。

醤油・味噌

- **白壁土蔵群の中での醤油**　倉吉市の白壁土蔵群からなる伝統的な建物が、倉吉市の顔となっている。この伝統的白壁土蔵の中で醸造した醤油にも、伝統と重厚な風情が含まれているように思われる。この白壁の中で醸造している醤油は、桑田醤油場の濃口醤油とみりんである。

- **「大地を守る会」の醤油**　「大地を守る会」の生産者の大豆と国産小麦を原料として醸造したものである。杉桶の中での仕込みから熟成が終わるまでに1年以上かけ、くせがなく、マイルドな食味の醤油である。「木樽熟成　醤油」のブランドで販売している。煮物、和え物、焼餅に適している。この醤油は、千葉県香取市にある創業嘉永7（1854）年のちば醤油に依頼して作っているので、純粋の鳥取産とはいえない。100年以上使った杉の醤油桶で熟成させて作る。長い年月を使っている間に杉桶に住み着いた酵母が美味しい醤油を作っていると推測されている。
- **神泉水仕込み玄米味噌**　「大地を守る会」が、埼玉県のヤマキに依頼して醸造した玄米味噌である。創業明治35（1902）年のヤマキは、100年以上も長く味噌・醤油の天然醸造を受け継いでいる老舗である。「神泉水仕込み玄米味噌」は農薬を使わないで栽培した非遺伝子組み換えの国産大豆・国産玄米・玄米糀・神泉水を使って香り高く、まろやかな味わいに仕上げた味噌である。みそ汁の味噌として使うのが適していて、みそ汁の具の風味や食感をひきたてるので好評である。
- **「大地を守る会」が取り扱っている調味料**　「みのり醤油」（鳥取県境港市、日本食品工業㈱）、「かめびしのこいくち醤油」（香川県かがわ市、㈱かめびし）、「大津賀さんの味噌」（鳥取県伯耆町、(有) 大津賀商店）、「やさかみそ」（島根県浜田市、やさか共同農場）、「有機純米酢」（福岡県大川市、㈱庄分酢）、「純米富士酢」（京都府宮津市、飯尾醸造）などがある。

食酢

- **健康酢**　食酢はクエン酸の健康効果が期待できるといわれているが、食酢の酸味が口の中をさっぱりとした感じにしてくれるので、健康によいと思いたくなる。倉吉の「健康酢」はリンゴ酢に果糖を加えたもので、爽やかでフルーティなのが飲みやすい。野菜サラダのドレッシング、焼酎で割った飲み物、和食の酢の物によい。鶏肉を煮るときに使うと身が軟らかくなる。

食塩

- **鳥取の製塩の歴史**　古墳時代～奈良時代にかけての遺跡から塩づくりに使った製塩土器が出土していることから、古くから塩づくりを行っていたようである。江戸時代には鳥取藩が枝条架法で製塩を行っていたと伝えられている。米子市で旧暦正月27日に行う「潮汲市（しおくみいち）」は山間の人々が、海岸で竹筒へ１杯ずつ海水を汲み取って帰宅し、この海水で家を清め、カマドを清めて荒神様を祀る行事があった。

- **塩・製塩の会社**　㈱ふるさと海士製塩司所がある。隠岐郡海士町で製塩を行っている。隠岐郡には高田商事㈱の営業所もある。

だし

鳥取県や島根県などの山陰地方や九州地方では、だしの材料として焼きアゴ（焼きトビウオ）が使われる。このだしを「あごだし」といっていて、カツオ節や煮干しとは違ったうま味がある。

- **焼きアゴのだし**　アゴはトビウオの幼魚をいう。焼きアゴは、アゴを炭火で焼いた後、乾燥させたものである。鳥取はトビウオを原料とした加工品が多い。例えば「野焼き」という竹輪、トビウオの蒲鉾などがある。焼きアゴのだしは、正月の雑煮には欠かせない。同じように九州の長崎や博多の雑煮のだしも焼きアゴからとる。焼きアゴは、そのままの形よりも2つ折りか粉末などのように細かくして、水に予備浸漬しておいてから、短時間の加熱によりエキス分を抽出する。エキスのうま味はアミノ酸類によるところが大きい。生臭みは、焼きアゴをつくる過程での焼くという操作で消える。トビウオは脂肪含有量が少ないので、乾燥している間の脂肪の酸化も目立たないので、酸化臭も感じない。
- **アゴだし製品**　関東地方でも焼きアゴのだしの美味しさに魅力をもった人も増え、デパートで開催される物産展でだし用の「粉末状の焼きアゴ」が紹介されることがある。東京・築地の魚市場のだしの材料の専門店では、焼きアゴそのものも販売している。簡単に、焼きアゴのだしをとるために用意されている「焼きアゴ粉末」には、焼きアゴだけのものは少なく、煮干しなどの粉末も混入されているものが多い。
- **焼きアゴ入り鰹だし**　「あご入り鰹ふりだし」は、焼きアゴの強いうま味と上品な味が引き出せるように調製したものである。焼きアゴの粉末とカツオ節の粉末がお茶類に使われている小袋に詰めてある。だしをとるには、水を入れた鍋にこの製品の小袋を１つ入れて、沸騰したら３～４分煮出すだけで澄んだだしが用意できる。吸い物や薄味の煮物の場合、この製品をそのまま加えて煮込むだけでよい。焼きアゴのアミノ酸を主体とした上品なうま味とカツオ節のイノシン酸を主体としたうま味の相乗効果が期待されて作られただしパックである。

- **あご入り力ふりかけ**　焼きアゴの粉末のうま味を味わえるように調製されたふりかけである。

郷土料理と調味料

- **砂丘らっきょうと甘酢**　鳥取砂丘に続く福部村のラッキョウは、小粒で身が締まり、花ラッキョウという甘酢漬けにする。根がしっかり張るので、江戸時代から砂防のために植えていたのが、食用にされている。酢漬け、たまり漬け、味噌漬けなどがある。
- **小豆雑煮**　小豆を軟らかく煮込んだ中に、丸餅を焼いたり、茹でたりして入れる。ダイコンもサトイモも入れない雑煮もある。

発酵

柿の葉寿司

◆地域の特色

面積は約3507km^{2}と全国で7番目に小さく、人口は約55万人で最も少ない県である。北に日本海、南に中国山地があり、東西に細長く（東西126km、南北62km）、平野部は、千代川、天神川、日野川の下流域にあり、南半分の地域は山地になっている。山地が海岸まで迫り起伏の大きい所が多くある。

ほぼ全域が日本海側気候で豪雪地帯となっている。特に大山周辺の内陸山地は山陰一の豪雪地帯となっており、冷え込みも厳しく−15℃以下にまで下がることもある。春と秋は好天の日が多く、夏は南風によるフェーン現象で猛暑日となることもあるが、平野部でも熱帯夜は少ない。冬は曇りや雨、雪の日が多いが、冷え込みは厳しくない。米子市などの西部沿岸部は平年の最深積雪は20cm程度と比較的雪は少ない。

全国有数の農産物の生産県であり、二十世紀梨のほか、ラッキョウ、スイカ、白ネギ、ブロッコリー、ニンジン、柿、葉タバコ、花卉などの多種多様な農作物が生産されている。

漁業としては、松葉ガニをはじめ、ハタハタ、カレイ類、タイ、ハマチ、アジ、岩ガキ、サザエなどが漁獲される。

◆発酵の歴史と文化

柿の葉寿司と聞くと、奈良県、和歌山県を思い起こす人が多いと思うが、智頭（ちず）地方では古くから郷土料理として作られてきた。それぞれの地域で柿の葉寿司の作り方が異なるが、サバ、サケなどが主な材料である。鳥取県ではマスを地域特有の材料とし、サンショウをのせるのが特徴である。作り方は、柿の葉の上に酢飯をのせ、その上に塩鱒をのせる。さらに、サンショウの葉をのせ、樽にきっちりと積み重ね、重石で密封し発酵させる。柿の葉に含まれるタンニンには防腐効果があり、塩鱒が傷むのを防いでくれる。智頭地方は古くからの柿の産地であり、柿の葉寿司はお盆の行事食として、また、魚を腐らせることなくおいしく食べる方法として連綿と作られてきた。鳥取のお盆は8月15日で、暑い最中、冷蔵庫がまだない時代でも家族や親戚にごちそうを振る舞うための先人の工夫がうかがえる。

◆主な発酵食品

醤油 醤油の1人あたりの消費量が、最も多いのは山形県（8554mℓ）であるが、鳥取は全国2位で6733mℓと多い県である（2018（平成30）年調査）。一般的に、濃口（こいくち）、淡口（うすくち）のほか、刺身醤油が造られている。山崎醸造本舗（鳥取市）、楠城屋商店（鳥取市）、ヒシクラ（倉吉市）、桑田醤油醸造場（倉吉市）、須山醤油（米子市）などがある。

味噌 米味噌が主体であり、藤原みそこうじ店（八頭郡）、塩谷糀味噌（西伯郡）、ヒシクラ（倉吉市）などで造られている。

日本酒 大山をはじめとする中国山地の雪解け水が、豊富な伏流水となっており、「天の真名井」（米子市）や「布施の清水」（鳥取市）など名水が数多くある。これらの多くは軟水で、仕込み水として用いるときめの細かい口当たりのまろやかな酒になる。酒造好適米の玉栄、五百万石、山田錦などが県内で生産されている。最近は、鳥取県原産の酒造好適米である「強力」に注目が集まっており、酒米生産者や消費者と一緒に「強力」の栽培から酒造りまでを行う取り組みも進められ、鳥取県の日本酒の地域ブランド化の一翼を担っている。また、純米酒の生産比率が3分の1と全国有数で、「純米酒王国・鳥取県」ともいわれている。

1859（安政6）年創業で漫画『夏子の酒』のモデルとなった諏訪酒造（八頭郡）、1865（慶応元）年創業で漫画家水木しげるの妖怪の像が点在する通称「鬼太郎ロード」にある千代むすび酒造（境港市）、嘉永年間（1850年頃）創業で倉吉のシンボル、白壁土蔵群の一角にある元帥酒造（倉吉市）、1673（延宝元）年創業の稲田本店（米子市）など古い歴史をもつ蔵が多い。その他、山根酒造（鳥取市）、大谷酒造（東伯郡）など、合わせて16の蔵がある。

焼酎 砂丘畑で育つ特産品の「砂丘長芋」を使った、長いも焼酎を造る梅津酒造（東伯郡）、弓ヶ浜半島産の金時芋を使った芋焼酎を造る千代むすび酒造（鳥取市）などがある。

ワイン　東伯郡北栄町にある北条ワイン醸造所は、戦時中（1944（昭和19）年）に軍需省の依頼により、音波探知機の部品に使われた酒石酸を生産するためにワイン造りが始められたという歴史をもつ。戦後は、本格的なワイン造りに着手し、最近ではさまざまなコンクールで受賞している。近年では、大山ワイナリー（西伯郡）、兎ッ兎ワイナリー（鳥取市）でも造られている。

ビール　クラフトビールとして、「ダイセンゴールド」という大山固有の大麦品種で造る大山Gビール（西伯郡）や野生酵母だけで醸造するタルマーリー（八頭郡）がある。

するめ麹漬け　スルメイカの一夜干しを麹と調味液で漬け込んだものである。

まぐろ魚醤　境港産のクロマグロの内蔵に、塩、米麹、麦麹を加えて発酵させたものである。

柿の葉寿司　中国山地に近い八頭郡や伯耆地方の山間部に伝わる発酵食品で、広げた柿の葉の上にご飯をのせ、塩鱒をのせた押しずしである。サンショウをアクセントに効かせている。

しろはたずし　鳥取方言でハタハタのことであるしろはたを塩漬けし、腹に甘酢で味付けしたおからを詰め、数日漬けたすしである。4月に行われる賀露大明神春祭りの行事食となっている。

砂丘ラッキョウ漬け　鳥取砂丘に隣接する畑で栽培されたラッキョウを使った甘酢漬けで、色が白く歯ざわりのよさが特徴である。

さばへしこ　石川県から鳥取県までの日本海沿岸地方で作られている鯖の糠漬けで、昔から保存食として食べられている。

◆発酵食品を使った郷土料理など

豆腐めし　冬至の前後に作られる郷土料理で、から煎りした豆腐や山菜を醤油やみりんを加えて炒め、炊き込みご飯にしたものである。豆腐を炒めるときの音が雷に似るため、どんどろけめしとも呼ばれる。

いがい飯　鳥取市青谷町夏泊を中心に作られる郷土料理で、海女たちが採ってきたいがい（ムール貝の仲間）を酒、淡口（うすくち）醤油、濃口（こいくち）

醤油などとともに炊き込んだ炊き込みご飯である。

いぎす　「えごのり」とも呼ばれる「いぎす草」は県中部から西部の海岸で春に繁茂する海藻であり、とろ火で煮とかし、容器に入れて固めたものがいぎすである。ごまを振りかけて、酢味噌や生姜醤油で食べる。磯の香りが口いっぱいに広がり、冠婚葬祭には欠かせない料理である。

とうがらし味噌　鳥取市周辺の郷土料理で、味噌と砂糖、トウガラシ、たっぷりのごまを混ぜて作る。気高町勝見地区では、180年以上前から毎年薬師堂で「とうがらし味噌」をなめながらにぎり飯で食事をする行事を、旧正月の4日に実施している。昔、大火事が起こったとき、このとうがらし味噌を作ってなめながら復興に力を尽くしたことから、防災の意識を忘れないよう行われている。

◆特色のある発酵文化

弓浜絣（ゆみはまがすり）　弓ヶ浜（ゆみはま）地区で江戸時代から作られている藍と白が美しい綿織物である。昭和になり化学染料が主体となったが、近年、伝統的な灰汁発酵建ての藍を使った絣も生産されるようになっている。

◆発酵にかかわる神社仏閣、祭り

釿守（ちょうのもり）神社（西伯郡）　馬佐良（ばさら）の申し上げ祭り　南部町にある神社で境内には荒神が祀られ、毎年12月初旬に「馬佐良の申し上げ」が行われる。稲わらで編んだ大きなヘビなどが奉納される。また、荒神の玉垣の中に陶器の瓶が二つ埋めてあり、石蓋がされている。この瓶の中には、前年の祭りの際に入れた甘酒と団子があり、中に残っている液体の量で新年の農作物の吉凶を占う。その後、持ち寄った甘酒と団子を一つずつ、また瓶に入れて再び石蓋をして来年の神事に備える。鳥取県無形民俗文化財に指定されている。

◆発酵関連の博物館・美術館

日置桜酒造資料館（鳥取市）　山根酒造が開設している資料館で、酒造用具や酒器が展示されている。

酒蔵資料館（米子市）　稲田本店にある資料館で、酒造りの歴史資料や古くから伝わる酒造りの道具が展示されている。

◆発酵関連の研究をしている大学・研究所

鳥取大学農学部生命環境農学科
キノコなどの菌類微生物の多様性について多くの研究がなされている。

発酵から生まれたことば　塩漬けにする、青菜に塩

全国各地で、さまざまな野菜を使った漬物が作られている。まず、最初の作業として、食塩を加える塩漬けが行われる。これにより、野菜に含まれる水分が浸透圧の作用により除かれ、しんなりと漬物らしい食感となる。「青菜に塩」である。これにより、有害な微生物の生育が抑えられ、食塩存在下でも生育できる耐塩性の乳酸菌が増殖し爽やかな酸味の漬物ができ上がる。「青菜に塩」という言葉は元気だった人が何かをきっかけにすっかりしょげてしまうときに使われる。

「塩漬けにする」という言葉は、漬物以外では株式用語として使われている。購入したときよりも株価が下落し続けている場合、株式の保有を継続することをいう。そのうちに、発酵して旨みが出ることを期待しての表現といえよう。

和菓子／郷土菓子

流し雛のおいり

地域の特性

山陰地方の中央部に位置し、北は日本海に面し鳥取砂丘があり、南には中国地方最高峰・大山や中国山地の山々ある。東西に長い県内には、東から千代川、天神川、日野川の三大河川が日本海に流れ、流域には鳥取市、倉吉市、米子市がある。県内は古くから開け、かつての因幡国と伯耆国からなり、神話の舞台となった「因幡の白兎」の物語はよく知られている。

鳥取はまた「万葉のふるさと」でもある。富山県で大伴家持のことを記したが、家持はその後、因幡国守となって赴任していた。万葉集の最後を飾る歌が家持の因幡国庁で国守として新年を迎えた歌である。「新しき年の始めの初春の　今日降る雪の　いや重け吉事」。この歌は759（天平宝字3）年正月1日に詠まれたもので、深々と降り積もる雪のように「よいことが積もるように」との願いが込められていた。山上憶良も伯耆国守として赴任していた。

こうした歴史背景からか、素朴でいて雅な用瀬の「流し雛」や雛菓子「おいり」などが伝えられている。そして、砂丘の国・鳥取らしく県下には「砂炒り」といって、砂を使い、砂の熱でこんがりとあられを炒る方法、茄子を色よく漬ける「砂漬け」という郷土料理があった。

地域の歴史・文化とお菓子

鳥取バージョンの雛あられ「おいり」「ほとぎ」「かしん」

①「おいり」は日本の米菓子の原点

「雛あられ」の一種である鳥取県の東部・因幡地方の雛菓子の「おいり」は、かつて各家庭で作られていた。ご飯の残りを乾飯にして保存し、鉄鍋で炒り、もち米の玄米を、これも鉄鍋で気長に炒るとパッパッとはじけて白い花のようになる。さらにかき餅や菱餅の切れ端などを賽の目に切ってあられに炒り、黒豆や大豆も炒って全部を混ぜ、水飴でまとめ俵型に握ってまとめる。「あられ」というより「おこし」である。平安時代の書『和名類聚抄』に「粔籹」として「蜜を以って米を和し煎って作るなり」とある。まさに日本の米菓子の原点で、米や豆を炒るところから「おいり」とよばれた。「粔籹」については炒ると膨らむことからの名ともされる。

伯耆の山間部・日野町では「ほとぎ」といい、境港市地方では「かしん」といい、賽の目に切った干し芋やなまぎん（とうもろこし）を炒って加える。「おいり」は岡山県の中国山地でも作られ、「ほとぎ」は広島県下でよくつくられ、「おいり」地帯と「ほとぎ」地帯があるようだ。

②流し雛の里の「おいり」

「流し雛」で知られる用瀬は、鳥取市内から約21km離れた千代川に沿った山里である。旧暦３月３日の桃の節供には、街道に面した家々の前には雛人形が飾られ、花盛りの桃や菜の花で町中が彩られている。流し雛は、男女１対の紙雛を藁を丸く編んだ「桟俵」にのせ、桃の小枝や菜の花、菱餅、「おいり」を添え、晴れ着姿の子供たちが無病息災を祈って千代川に流す情緒豊かな行事である。

もともとこの行事は、紙などで人形を作り自分の厄災をうつし、川や海に流す「祓え」の神事であった。用瀬では江戸時代からの行事とされるが、すでに平安時代の『源氏物語』にも記される日本古来の神事であった。

「おいり」が「流し雛」という神事に供えられるところから、単なるおやつではなく、神祭りの「神供」であったと考えられる。平安時代の『延喜式』に神供として「粰糀」がありこれは「おこし」のことであった。

③「おいり」にみる稲作の予祝性

「おいり」の中には、乾飯と一緒にもち米を炒った「葩煎」が入る。もち米は爆ぜると白い花のようになることから吉凶を占い、よく爆ぜると吉で豊作とされていた。江戸の町では元旦に豊作を祈って家中に撒いたり、「喰い積み」とよばれる年賀の客の「お手懸け」（縁起のよい摘まみ物）に盛られていた。『守貞漫稿』（1853）によると、江戸の町には元日の早朝「葩煎売り」の姿がみられたが、幕末頃にはまれになり、喰い積み台には生米が敷かれ、小さな土器が添えられ、個々が炒って食べた、とある。

「葩煎」は米の古い食法でもあるが、我が国には古代より神祭りには米を供える習わしがあり、豊作を祈り供米を土皿に入れて炙って吉凶を占い、神と人が共食した。それが「葩煎」の最初ではなかったかと考えられる。

雛祭りは今日、子供の成長を祈る祭りだが、諸行事が重なり複雑ではあるが、春に先立ち「田の神」を祀る大事な行事であった。

④「雛荒し」という風習

用瀬では流し雛が終わると、町の集会所に男女児の子供たちが集まり「雛荒し」の行事がある。雛段の前のテーブルには、唐揚げなどの現代の料理と一緒に巻き寿し、カレイの焼き物、わけぎのぬた、お雛様が自分の耳と取り換えても食べたいといった好物のタニシの煮物、そして「おいり」などの郷土の雛料理が並んでいる。現在はここで子供たちが楽しく会食するが、昔は家々のお雛様を訪ね、ご馳走を食べ荒らすということから「雛あらし」とよばれていた。この「雛荒し」は岡山県や徳島県でも行われ、家々を訪ねお供えのお菓子を貰って行くことであった。岐阜県の東濃地方では「がんど打ち」とよんでいた。

「おいり」は、あられや炒り豆が水飴で和えてあり、甘い物の乏しかった時代に子供たちには嬉しい贈り物であったに違いない。

行事とお菓子

①元旦の小豆雑煮

旧東郷町（湯梨浜町）川上では、正月雑煮は甘く煮た小豆汁に白い丸餅の入った「小豆雑煮」である。若水を汲んで小豆をやわらかく煮て、まず神棚に供え、家族揃って「お節」とともにいただく。初詣は東郷神社に出かける。

②若桜(わかさ)神社のお祭と「おやき」

鳥取と兵庫の県境にある若桜町(わかさちょう)は、山陰の小さな山峡の町だが平安時代の『和名称』に「八上郡若桜郷」とある古い町である。町の総鎮守・若桜神社は、松上(まつかみ)大明神とよばれその昔松上様が若桜に来られる途中、高野村の山添家に立ち寄られ、神様に「何を馳走致しましょう」と訊ねると、「なま焼きのおやき」を所望されたそうだ。神様に差し上げると大層お慶びになり、以後若桜神社の５月の例祭には「おやき」を供え、家々でも作り無病息災を祈った。各家庭には、おやき用の押し型（亀甲型で真中に大、または寿の文字が彫ってある）があり、米粉を捏ね餡を包み型を取って鉄板で焼く。今では町の名物になっている。

③しょうぶ節供の「巻き（笹巻き・粽）」

「巻き」はクマザサで米粉の団子を包んで茹でる。茹で汁で手足を洗い、家の周囲に撒くとマムシに咬まれないという。神棚に供えた笹巻きはそのまま、しまっておき、運動会などの勝負事のとき、少し食べて出かけると吉運とされる。また旧東郷町の川上では、昔神様が粽を食べて喉を詰まらせ亡くなったので粽は作らないという。だが、他村で作られた粽は食べてもよいとされる。県下には粽を作らないという地域が他にもある。

④代満(しろみて)の「きりこぜんざい」

代満は田植の終わった後の休息日で、普段と違ったご馳走を作ってくつろぐ。きりこは手打ちの幅広の麺で、茹でて甘く味付けした小豆汁に入れて食べる。餅の代わりにきりこが入ったぜんざいである。端午の節供に「巻き（ちまき）」を貰ったお返しに配る。

⑤賀露(かろ)神社・灘祭の「みょうが焼き」と砂炒りの「氷餅」

賀露は江戸時代からの港町で、廻船問屋と漁師たちが日本海に浮かぶ鳥ヶ島に小祠を祀り、豊漁と航海安全を祈願した。祭りは7月の海の日だが、元は旧暦6月15日でこの日はみょうがの葉で巻いた「おやき」を作り、砂炒り（深鍋に砂を入れ、熱い砂で正月のお供えを砕いて炒る）のあられ・「氷餅」を作った。なお、3月節供の「おいり」の干し飯も砂炒りする。

⑥若桜弁財天(わかさべんざいてん)（江島神社）9月初巳祭の「弁天まんじゅう」

「弁天さん」で親しまれる江島神社は商売繁盛、縁結びの神様として知られ、若桜杉の大木に囲まれた神域は神秘的な雰囲気がある。江戸時代、国家安泰、五穀豊穣を祈願して村人たちが「白い饅頭」を奉納し、それが起源で「弁天まんじゅう」が生まれた。現在は「弁天まんじゅう本舗」が作っているが、米粉を捏ねて蒸し、餅のように搗くのでもちもちしている。表面には鶴（家内安全）・亀（円満長寿）・桜（商売繁盛）の模様があり、赤と緑の彩色が縁結びを祈願していた。今は町の名物として通年売られている。

⑦亥の子の「餡もち」

弓浜半島（境港市）では、10月の亥の日頃になると海が荒れて寒くなり「亥の子さん荒れ」という。餅を搗いて「餡もち」を作り、昔はこの日にこたつを出して火を入れると、火災の難に遭わないといった。

⑧ひざ塗り「ぼた餅」

大山山麓の旧暦12月１日の行事。この日ぼた餅を作り、家族揃って茶碗にぼたもちを入れて箸で挟み「師走の川に転ばぬように、まんば親（継母）に添わぬように」と唱えながら、ぼた餅を脛と膝に当てて食べる。昔からのけが予防の行事とされる。

知っておきたい郷土のお菓子

- **生姜煎餅**（鳥取市）　江戸時代からある郷土菓子。砂丘にうっすらと降り積もった雪を思わせる生姜味の小麦粉煎餅。波型に曲がった線が独特で、民芸の父・吉田璋也が「民芸菓子」に昇華させた。宝月堂が作る。
- **いなば山**（鳥取市）　稲葉山に見立てた半月形の焼き菓子。薄めの焼皮で漉し餡をはさみ、生姜風味のすり蜜を刷いた京屋菓舗の銘菓。他に砂丘をイメージした「風紋」や「白兎のちぎり」などがある。
- **二十世紀**（鳥取市）　明治元年創業の老舗亀甲やの銘菓。水飴と寒天で固めた生地を、二十世紀梨の輪切りそっくりに成形し、寒梅粉をまぶして梨の肌に見立ててある。梨の果汁は使われていない。
- **貝がらもなか**（鳥取市）　伝統民謡「貝がら節」をモチーフにした鳥取の「菓子処ふね」の名物最中。山陰沖では江戸後期頃、帆立貝漁が盛んで、中国へ大量に輸出していた。「貝がら節」はその頃の労働歌が最初とされる。帆立貝に模した皮に、粒餡がたっぷり入っている。
- **打吹公園だんご**（倉吉市）　桜の名所打吹公園の名を冠した石谷精華堂の３色串団子。甘みを加えてよく練ったもち米製の団子を、白餡・小豆餡・抹茶餡で包んだ倉吉名物。箱には、配色も工夫して詰められている。
- **蔵の餅**（倉吉市）　白壁土蔵の街に相応しい「ふしみや」の代表菓。栃の実をなめらかな鼈甲色のジャムにしてから、餅生地に混ぜ込み、小豆の漉し餡を包む。古くから作られてきた栃餅をアレンジして創製された。
- **とち餅**（倉吉市）　三朝地域の名物。栃の実はアク抜きなどの下処理に手間がかかるが風味があり、地元の人々に親しまれる。餡入りの栃餅に人気があり、松之屋や吐月堂が数量限定で作る。
- **白羊羹**（米子市）「つるだや」の銘菓。白手芒豆を使って、火を通しすぎると赤くなるため、火加減には細心の注意を払う。風情ある名の「笹鳴き」は、薄種で餡入り求肥餅を挟んである。

- **因幡の白うさぎ**（米子市）　出雲神話「因幡の白兎」にちなみ、兎をかたどった焼き菓子。地元大山(だいせん)バターを使ったコクのある生地で、黄身餡を包む。米子市の寿製菓が創製し、今や鳥取県を代表する土産菓子。
- **ふろしきまんじゅう**（東伯郡琴浦町）「山本おたふく堂」の名物菓子。漉し餡を、黒糖入りの小麦粉生地で風呂敷の四隅を折るように包むことから菓名がある。地元では店名から「おたふくまんじゅう」ともよばれる。

乾物 / 干物

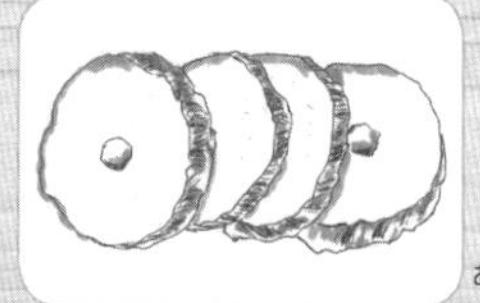
あごのやき

地域特性

山陰地方の東側で日本海に面し、東は兵庫県、西は島根県とつながり、日本海側はリアス式海岸の富浦海岸から鳥取砂丘となり、中国山地を源に発する千代川、天神川、日野川が鳥取平野、倉吉平野、米子平野と肥沃な土地を擁している。

人口、面積、市町村の数は少なく、小さい県である。気候は温暖傾向であるが、中国山地大山周辺の内陸、山麓は豪雪地帯であり、冬はかなり寒い。

生産物は特段目立つものは少ないが、日本海に面する境港から上がる魚介類は種類も豊富で、ズワイガニ、クロマグロ、スルメイカ、ブリなどの水揚げがある。海藻類も多く、郷土料理をはじめ伝統料理の食材も多いのが特徴である。

知っておきたい乾物 / 干物とその加工品

干ししいたけ（乾し椎茸） 鳥取県は「きのこ王国」と呼ばれている。財団法人日本きのこセンターは、きのこの専門研究機関として唯一鳥取県に存在し、現在食べられる乾し椎茸の30％が当センターで品種開発されたものである。肉厚で、風味も食感も栄養も規格外の日本産原木シイタケ。豊かな自然のうま味があるブランド代表品種「菌興115号」である。

鳥取大山（だいせん）大豆 鳥取県在来種のダイズの中から「鳥取大山2001」「大山もち緑」「神倉在来」はタンパク含有量が高く、全糖含有量およびイソフラボン含有量も高く、成分の特性、加工適性から豆腐や煮豆などに向いている。

鯵煮干し 鳥取県境港で水揚げされる豆鯵で作る煮干しである。鯵の煮干しは上品なコクがあって魚臭がないのが特徴で、はらわたなどを取ることなくそのままだし用に使える。甘味があり、しっかりしたうま味があるので、ラーメン店などに人気があり、色が薄くしっかりしている。鳥取県のほか島根県、高知県などでも漁獲している。

いぎす　紅藻類イバラノリ科カズノイバラであるが、この地方の呼び名がイギスである。大潮の干潮線よりやや深いところに分布し、7～8月の夏の時期に採取し、夏の暑くて強い日差しですぐに乾燥させる。

乾燥が不十分だと腐りやすいので、水洗いと天日乾燥を繰り返し、クリーム色になったら保存する。手間がかかり、雑藻を取り除くと量が減ることから、「貧乏草」などと呼ばれている。煮とかし、冷ましたら固まるので、寒天のようにカラシ酢味噌やだし汁などで食べる。

麻の実　アサ科の一年草であるアサの実を乾燥して煎った製品。果実は生薬の麻子仁として、陶酔成分や便秘薬に使われ、栄養学的にはタンパク質が豊富で脂肪酸などの含有バランスがよいため、少しであるが食用に使われている。日本では紀元前から栽培されていたという記述がある。しかし、現在では麻の衣料の原料などが栽培されていた千葉県でもほとんどなく、鳥取県智頭町でわずかに試験栽培されているようだ。中国、カナダ、米国などから輸入されているが、実に麻酔物質があるため、栽培は禁止されている。販売されているものは発芽しないように煎ってある。七味唐辛子やがんもどきなどに使われている程度である。

関金わさび　倉吉市関金のわさびは大山からの伏流水の中、「水質良好な河川」で栽培されている。きれいで豊富な水と透水性のよい土が欠かせないため、これだけの規模は珍しく、西日本では最大級である。関金わさびは生育期間が24か月と、他の産地の約16か月に比べじっくりと栽培している。そのため締りがよく、品質が高く、しっかりとした粘り、上品で芳醇な香りが抜群と評判がよい。粉わさび、生わさびなどの加工品が産物である。

大山蕎麦　広い大山山麓は牛馬の放牧や蕎麦作りが昔から盛んで、甘皮までたっぷり挽き込む製法で、独特の黒い色と素朴な風味の「大山蕎麦」が作られている。その蕎麦の技法が後に出雲地方へと伝えられたのが、「出雲そば」の始まりともいわれている。出雲そばは全国でも知名度が高いが、この地方の江府町、貝田地区、日野郡は夏には蕎麦の花が可憐な絨毯の中に広がり、大山南壁一面を染める。肥沃な大地に天然水、澄んだ空気、麓(ふもと)ならでの寒暖の差がそろい、観光県としての人気が高い。

あごのやき

鳥取県琴浦町は夏を告げるあごの水揚げが盛んである。あごとはトビウオのことで、長崎県五島が有名だが、ここ鳥取県で“のやき”とは竹輪を大きくしたような形をしているために呼ぶ。

トビウオは回遊魚で、山陰沿岸には産卵のために5～7月にかけて来遊する。漁獲シーズンには刺身でも食べるが、野焼きかまぼこや焼あごなどに加工し、さらに、乾燥あごのだしやふりかけなどにも利用されている。

Ⅲ

営みの文化編

伝統行事

しゃんしゃん祭

地域の特性

鳥取県は、中国地方北東部に位置し、日本海に面する。東西に細長く、南部の岡山県との間に中国山地が横たわる。山地の比率（88パーセント）の高さは、全国一。そこから千代川、天神川、日野川が流れ出し、下流域にそれぞれ鳥取・倉吉・米子の各平野を形づくる。日本海沿岸は、リアス式の浦富海岸から西は鳥取砂丘、北条砂丘と続く砂浜海岸となっている。気候は、春から夏にかけては晴天が多いが、「弁当忘れても傘忘れるな」というほどに雨天が続くこともある。山間部では冬の積雪が多い。

江戸時代には、鳥取藩が県のほぼ全域を治め、綿織物業やたたら製鉄などが栄えた。明治時代後期には、千葉から運んだ10本の苗木からはじめて、二十世紀梨を全国一の特産品とした。また、伝統工芸として因久山焼、牛ノ戸焼、因州和紙、弓ヶ浜絣、倉吉絣などが発達した。

砂丘地も灌がいによって農地となったところも多く、サツマイモやチューリップの栽培を盛んにした。また、二十世紀に代表されるナシの産地にもなった。

行事・祭礼と芸能の特色

山がちな地形もあって、平安のころから山岳修験の道場の発達をみた。その遺構が現代にも伝わるのが三仏寺と大山寺である。中世には、両寺とも多勢の僧兵を有して勢力を競ったものである。ただ、修験系の行事を伝えるところはあまりみられない。

鳥取県下での代表的な民俗芸能には、大和佐美命神社の獅子舞（鳥取市）、越路の雨乞踊（鳥取市）、因幡宝木のしょうぶ綱（気高町）、円通寺人形芝居（鳥取市）、三朝のジンショ（三朝町）などがある。

主な行事・祭礼・芸能

智頭(ちづ)の諏訪(すわ)神社御柱(おんばしら)祭

6年ごとの申年と寅年の4月の酉の日に行なわれる諏訪神社（八頭郡）のまつり。諏訪大社（長野県）の御柱祭に倣ったもので、天明2（1782）年から行なわれている。

当日は、早朝3時から「起こし太鼓」を合図に、各地内会の奉仕者（御柱となる杉の木を山から提供してくれる人）と担ぎ手が一斉に山に入り、あらかじめ選んでおいた4本の杉の木に当たり年生まれの少年が最初に斧を入れ、「伐り初め式」が執り行なわれる。

御神木（御柱）は、長さ26尺（約7.88メートル）に伐採され、担ぎ手によってムカデといわれる台座に乗せられる。台座と杉の木をあわせた重さは1.5トン余り。これを白装束に身を包んだ青壮年たちが勢いよく担ぎ、町内を練り歩く。数百人の担ぎ手と4本の柱が町中を練り進む姿は壮観である。

その後、一斉に諏訪神社の石段を駆け上がり、4本の御柱が宮入りする。最後は、担ぎこまれた大木の皮を剥(は)いで清め塩で磨き、本殿の四隅に建立して終了する。

なお、前回は、平成22（2010）年4月に行なわれた。

因幡の菖蒲綱(しょうぶづな)引き

岩美郡岩美町大羽尾(おおばねお)、気高郡気高町水尻・宝木、青谷町青谷に伝わる五月節供の綱引き。ショウブズナと呼ばれている。現在は、月遅れの節供（6月5日）前後の土曜日・日曜日に行なわれる。

因幡地方に伝承されてきた綱引きは、子供組が中心となって展開されるところに特色がある。たとえば、宝木地区では、綱引き前日に子供組の幹部が1カ所で寝泊まりし、当日の午前零時を期して、家々の軒先に挿(さ)したり屋根に上げておいた菖蒲・蓬(よもぎ)・茅(かや)の束を集める。それを早朝に、大人たちも手伝って稲藁を芯に綯(な)いこんでヨリヅナ（親綱）をつくり、これにエダヅナ（枝綱）を取り付けて仕上げる。その後、一同で綱を担いだり抱えたりして地区内の家々を一巡し、時折地面に綱を叩きつけたりひきずったりする。こうすることで邪気や厄災を祓(はら)う、とされている。

綱引きは、地区を東西に分けたその境界線の路上で行なわれる。長さ十数メートルの綱2本のはじを結び合わせた後、掛声勇ましくヨリヅナ・エダヅナを抱えて3回引き合い、勝負の審判は、東組・西組のそれぞれの子供組の代表者1名ずつ、2名の合議で行なう。終了後、砂浜に場所を移して、綱引きに使った綱で土俵をつくり対抗相撲をとる。その後、綱をほど近い湊神社に奉納して行事を終えるのである。

他の地域の綱引きをみても、細部に相違はあるものの、軒下に挿したり屋根にあげた菖蒲などを綯いこんで綱をつくってそれを引き合う点に共通の特色がある。祓いに加えて豊穣祈願の年占(としうら)を目的とした行事である。それは、日本海沿岸に濃密な分布をみる五月節供の綱引き行事に広く共通するものといえよう。

なお、因幡の菖蒲綱引きは、昭和62(1987)年に国の重要無形民俗文化財に指定されている。

三朝(みささ)ジンショ

東伯郡三朝町に伝承される五月節供の綱引き行事で、現在は、5月3日と4日に行なわれる三朝温泉花湯祭りの中心的な行事となっている。観客も飛び入りで参加できる。

綱引き前日の3日には、「綱からみ」と呼ばれる綱を綯(な)う作業が行なわれる。山から伐り出した藤蔓(とうづる)で綯われる綱は、雌綱と雄綱の2本。いずれも長さ約80メートル、胴まわり2メートル、重量は約4トンにも及ぶ。その雌雄の大綱の頭部をカセギというカシの木の棒で結合させるのである。

翌4日の夜、町内中央を走る路上でその大綱による綱引きが行なわれる。地区を東西に分けて、その大綱を激しく引き合い、東が勝てば五穀豊穣、西が勝てば商売繁盛、とされる。また、因幡の菖蒲綱引きと同様に、綱引きの前に綱を地面に打ち付けるよう曳(ひ)きまわす。

なお、三朝ジンショは、平成21(2009)年に国の重要無形民俗文化財に指定された。藁や茅などを主材料とせず藤蔓だけを用いた大綱の形態は、同じ鳥取県下の因幡地方の菖蒲綱引きにはみられないものであり、伯耆(ほうき)地方における綱引き行事の特色といえる。

大山(だいせん)古式祭

大神山神社奥宮(米子市)で7月14日(もとは7月24日)に行なわれるまつり。「神水取神事(もひとり)」ともいわれる。奥宮は、大山(1,729メートル)の中腹にある。祭神の大穴牟遅命(おおなむちのみこと)(大国主命)が国土経営の祈願を捧げた所といわれ、この神事もこのときにはじまる、と伝えられている。モヒとは、正しくは水を入れる瓦器のことで、この器に神水を盛り神饌として供えることを目的とするから「神水取」の表記が一般化した。

当日の早朝、水樽を携えた神水取使(もひとりつかい)が、奥宮で祭典を行なったあと山上に登り、石室内の社殿で日の出を待ち、山頂池の聖水を水樽に満たし、池辺のヨモギを採って奥宮に下る。帰着すると、神水とヨモギを神前に供えて祭事を斎行する。終わると、この神水とヨモギを参詣者に授与する。これをいただくと万病に効験があるといわれ、先を争って人々が奪い合う。

かつては、この日を大山の開山日として、それ以前の大山登山は許されなかったので、神水取使に随行する人も多かった。また、病人などは病気平癒を願い、下山道で使の下山を待った。

なお、現在、夏山開き祭は、6月上旬に行なわれる。前夜祭では、神事のあと、2,000人もの人びとが、1本ずつ松明(たいまつ)を掲げて奥宮から博労座までの約1.3キロを練り歩く。参道が松明の光に照らしだされるその松明行列は、大山に夏の到来を告げる風物詩となっている。

ハレの日の食事

東部地方では、正月にマンサク（シイラ）の塩漬けですしをつくる。また、西部地方では、塩漬けしたヒイラギの小魚ですしをつくる。

郷土料理の「いただき」がまつりに出される。これは、油あげの中に米や鶏肉、野菜などを入れて醤油とだしで炊いたもの。「ののこめし」ともいう。

カニの水揚げが増えるにしたがって、かに飯やかにずしなどのカニ料理も発達。いまや鳥取県を代表する郷土料理となっている。

寺社信仰

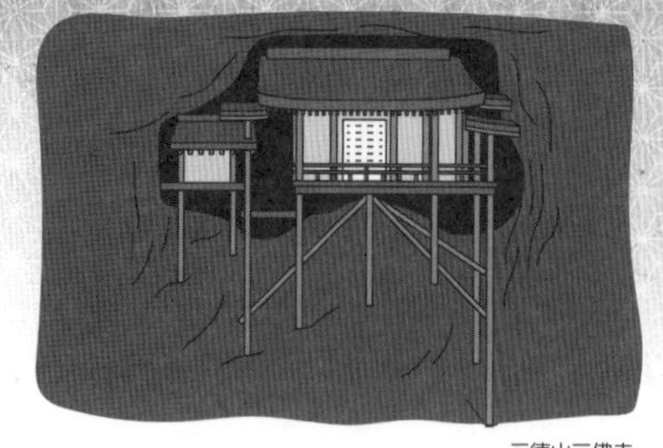

三徳山三佛寺

寺社信仰の特色

鳥取県は西の伯耆国と東の因幡国から成る。因幡は白兎で知られ、鳥取市の白兎海岸が伝説の舞台という。白兎神社には兎が傷を洗ったという御身洗池や、体を乾かしたという身干山もある。

因幡一宮は同市の国府町に鎮座する宇倍神社という。県内唯一の名神大社として昔から信仰を集め、今も県内で初詣が最も多い。4月の例大祭には〈宇倍神社獅子舞〉が奉納され、〈宇倍神社御幸祭祭具〉を用いた大名行列もある。町内には初盆供養の〈因幡の傘踊〉も伝承されている。

若桜町には伯耆大山・三徳山と並ぶ鳥取県三大山岳霊場の一つ、不動院岩屋堂がある。自然の岩窟に建つ舞台造の建物は国重文で、日本三大投入堂の一つにも数えられている。また、本尊の黒皮不動明王は日本三大不動の一つという。

伯耆一宮は湯梨浜町の倭文神社である。倉吉市にある三宮も倭文神社であり、ともに日本古来の文様で布を織った倭文氏が祖神の建葉槌命を祀ったものと思われる。一宮には1103年に経塚が営まれ、伯耆一宮経塚出土品は国宝に指定されている。

伯耆二宮は倉吉市の波波伎神社とも、大山町の大神山神社ともいわれている。前者は伯耆の古称ハハキに由来し、伯耆国造が国土神を祭祀したものと考えられている。後者は鳥取県を代表する霊山、伯耆大山を祀った社である。

大神山神社は大山の北西麓に建ち、後に米子市に冬宮（本社）が設けられ、奥宮（夏宮）とよばれるようになった。奥宮は、1875年以前は大山寺であり、智明権現（本地は地蔵菩薩）を祀り、西日本における天台宗および修験道の一大拠点であった。

修験道は三朝町の三徳山三仏寺でも盛んであり、役行者が岩窟に投げ入れてつくったと伝える投入堂（蔵王殿）は国宝に指定されている。

凡例　†：国指定の重要無形／有形民俗文化財、‡：登録有形民俗文化財と記録作成等の措置を講ずべき無形の民俗文化財。また巡礼の霊場（札所）となっている場合は算用数字を用いて略記した

主な寺社信仰

金峯神社　岩美町牧谷。金峯山に鎮座。大和国吉野から蔵王権現を勧請したのが始まりで、往時は32坊を擁したと伝える。紀伊国から伯耆国大山に入った熊野修験が三徳山を経て伝播し、荒金の行者山や、鳥越の牛ヶ峰と共に当地へ定着したと考えられている。豊臣秀吉の因幡攻めで一山焼亡したが、1713年に鳥取の淳光院（現天台宗大雲院）が別当の竹美山竜王寺とともに再建した。明治維新で現称に改め、祭神を勾大兄神（安閑天皇）・天水分神・国水分神に変えた。牧谷の北端は国名勝・浦富海岸の東端で、俗に海耶馬と称される羽尾鼻があり、竜神洞・蔵王島・逢来島・帝釈岩などの景観が広がる。牧谷地区には秀吉軍が伝えたという盆踊〈牧谷のはねそ踊〉が今も伝承されている。隣の大羽尾地区には旧暦の五月節供に〈因幡の菖蒲綱引き〉†が伝承されていた。

越路神社　鳥取市越路。八坂山の東麓に鎮座。邑美郡から八上郡へと越える道が走る越路（恋路）の氏神。京都の八坂神社から牛頭天王（須佐之男神）を勧請したのが始まりと伝え、八王子権現と崇められた。1868年に龍神（瀬織津比売神）を合祀し、1874年に現称とする。越路は大路川が流れるものの、昔から水が十分ではなく、稲作はほぼ天水に頼っていた。干ばつになると村人は当社に雨乞いの願を掛け、願が叶うと御神籤により踊・相撲・釜立・御参りのいずれかを奉納したという。そのなかの踊が実施されたのは、記録が残る1756～1909年にわずか10回であり、1956年に再現したのが〈越路の雨乞踊〉‡である。忍婦・鎌倉・穣田など10章の歌詞を伝える踊は、鳥取市河原町片山の霊石山最勝寺に逃れた源範頼の内室が伝えたとされ、当地には内室の墓と伝える五輪塔が残る。

売沼神社　鳥取市河原町曳田。嶽古墳の北に川を挟んで鎮座。出雲国の大国主神（大穴牟遅神）と結ばれたと『古事記』が伝える八上比売（八上姫）を祀り、古墳は姫の墓と伝える。因幡の白兎は姫の使いであったともいわれ、川下には大国主が恋文を書いたという倭文、縁を通じた路という円通寺、贈り物の布袋を捨てたという布袋と袋河原の地名が残る。式内社の八上郡売沼神社に比定され、西日天王とも称された。1868年に原山の熊野神社や引野山の諏訪神社を合祀。例祭は10月で、麒麟獅子舞が氏子回りをし、当社と正法寺（真言宗御室派）では本舞を奉納する。なお、円通寺には石切歌の岩力（念力）節に合わせて三吉木偶を操る〈円通寺人形芝居〉‡が伝承されており、保存会は伝承館で大黒舞などを上演、地元小学校にデコクラブをつくって指導にあたっている。

東井神社

用瀬町用瀬。三角山の西麓、千代川と佐治川の合流地に鎮座。千代川は旧暦3月3日の〈用瀬のひな送り〉で有名。山城国紀伊郡八坂神社から素盞嗚尊を勧請創祀したと伝え、長く妙見大明神と称されたが、1868年に近隣6社を合祀して現称に改め、1872年には鳥取藩校尚徳館の賀露神社から社殿を購入して本殿とした。三角山は修験道場で滝社に峰錫権現を祀っていたが、明治維新で当社摂社の三角山神社とされた。御幸行列が出る4月24日の大祭は1937年で途絶えたが、行列に出ていた〈因幡の麒麟獅子舞〉‡は今も5月3日の例祭に伝承されている。麒麟獅子は1650年の因幡東照宮創建時に始まったと伝え、用瀬地区には麒麟獅子が多いが、隣の佐治地区にはなく、代わりに神楽獅子が出る。佐治は板笠の製造が有名で、〈佐治の板笠製作用具及び製品〉‡が資料館に残る。

大和佐美命神社

鳥取市上砂見。字縄手に鎮座。昔は八上郡との境になる背後の山中にあったと伝える。上砂見と中砂見字大湯棚の氏神。創立は不詳ながらも式内社で、『三代実録』865年6月条に従五位下の記録がある。江戸時代は旗指（旗差）大明神と称したが、1868年に谷平の谷前神社（素盞嗚命）と小畑の山神社（大山祇命）を合祀して復称した。10月の例祭には〈大和佐美命神社の獅子舞〉‡が奉納される。午前中に上砂見の雌獅子と大湯棚の雄獅子が境内で麒麟獅子の本舞を奉納し、午後は各地区で門舞（氏子回り）を行う。上砂見には麒麟獅子頭より古い神楽獅子頭が残ることから、もともとは神楽獅子であったのが、後に麒麟獅子へ移り変わったと考えられる。19世紀前半に大湯棚の牛尾安次郎夫妻が鳥取で因幡東照宮の権現堂流を習って当地に伝授したといわれる。

奥谷神社

鳥取市気高町酒津。字奥谷の舌状台地先端の高台に鎮座。谷を挟んで西に突き出た台地先端の高台には因幡33-30の曹洞宗琴松山東昌寺が建ち、キリシタン灯籠とマリア地蔵が祀られている。当社はもと荒神宮と称し、1868年に現称に変えて素盞嗚命を祭神とした。例祭は4月20日。1872年に亀宮神を合祀し、後に清水谷のエビス様（事代主命）を合祀した。亀宮は、1741年に松本澄猶が娘の輝姫と勝見温泉に来た折、酒津浦で1匹の大亀を得たのを祝して神楽を奏し、亀を海に放ったが、やがて姫が亀の加護を得たことから、報謝のため浦辺に社殿を建てて祀った宮であった。酒津の浜は小正月に〈酒津のトンドウ〉[†]が行われることで有名である。浜で垢離取り（冷水で身を濯ぐ）をした子どもたちが家々へ赴き、玄関先で「祓い給え清め給え」と潮水の付いた海藻を振り回す儀礼が興味深い。

三朝神社　三朝町三朝。世界屈指のラドン温泉である三朝温泉に鎮座。三朝地区の氏神で、手水鉢には温泉が満たされている。三朝温泉は、平治の乱で敗れた源義朝の家来、大久保左馬之祐が主家再興の祈願で三徳山三仏寺へ詣った折、年老いた白狼を助けたところ、夢に妙見菩薩が現れて在り処を教えられたと伝える。その場所は当社の東にある株湯であるという。左馬之祐は当社を深く崇めたと伝え、大久保大明神や大久保様と称された。明治の神仏分離で仏教色を一掃し、湯村神社と改称、大己貴命を祭神とした。1877年に外谷の荒神様（牛頭天王）を境内に祀り、1921年に砂原の氏神を合祀して現称とした。砂原神社は昔は妙見山正八幡宮と称していた。例祭は10月17日。三朝では5月3日・4日に花湯祭があり、5月4日には長さ150m、重さ4tの綱を引き合う〈三朝のジンショ〉[†]が行われる。

倉吉八幡宮　倉吉市八幡町。四十二丸城跡の南に鎮座。昔は小鴨川の向こうに鎮座し、生田の産土神で、久米八幡や生田神社と称したが、1889年に当地へ遷り、現称に改めたという。1913年には当地の谷田神社を合祀し、以後、誉田別命・仲哀天皇・神功皇后・武内宿禰と素戔嗚命・宇迦之御魂命を祀っている。例大祭は10月15日で、4月15日には春祭を営む。旧暦1月15日には管粥神事も行われている。12月8日は吹子祭で、鉄工鍛冶や鋳物業者が集う。倉吉は千歯扱きの製造で知られ、最盛期には全国の約8割を生産し、また鋳物の町でもあった。倉吉歴史民俗資料館は往時を伝える〈倉吉の千歯扱き及び関連資料〉[‡]と〈倉吉の鋳物師（斎江家）用具及び製品〉[†]を展示している。倉吉には鳥取二十世紀梨記念館もあり、先人の苦労を物語る〈鳥取の二十世紀梨栽培用具〉[‡]も伝承している。

天神垣神社

米子市淀江町福岡。古墳の上に鎮座。上淀地区の氏神で、少彦名命や大国主命など5柱を祀る。昔は手間天神や天満宮と親しまれた。近隣にはともに国史跡である弥生時代の妻木晩田遺跡と7世紀の上淀廃寺跡がある。境内に安置されている国重文の石馬は1.5mもの大きさで、昔は隣の国史跡・向山古墳群の一つ石馬谷古墳の上にあり、石馬大明神と崇められたという。石馬は九州での出土例はあるが、本州では当地のみである。9月第1日曜日には〈上淀の八朔綱引き〉‡が行われる。八朔の綱引きは当社の伝承が日本唯一の例となっている。藁で口縄様という長さ50mの大蛇をつくると、境内にある荒神様の神木を3周させ、頭を灯篭の上に置く。胴体は地区の中心へ運び、上手と下手に分かれて引き合って豊凶を占う。綱引きが終わると、胴体は村境に安置される。

日御碕神社

境港市渡町。出雲大社の祖神様と崇められる日御碕神社（島根県出雲市）から15世紀に分霊を勧請創祀したと伝える。もとは上社と下社に分祀されていたが、1713年に現在地へ合祀されたという。1853年の社殿再建では門脇重綾が日御碕信仰の古伝に則り、北向きから西向きに変え、拝殿・通殿・幣殿・本殿に整え、本殿の千木を内削にしたとされ、弓浜地方を代表する建築となっている。例祭は11月で、1月にはトンドもある。境内にある樹齢500年の公孫樹には藁の蛇が巻き付けられている。三寶大荒神龍巻と称され、毎年12月に地区の荒神講が藁で長さ約25mの竜の胴体をつくり、木の下から7回半巻き付け、胴体の一番下に頭を取り付けて、豊作に感謝している。〈出雲・伯耆の荒神祭〉‡の典型例で、他所では藤祭や申し上げ祭、荒神講竜巻神事とも称される。

江尾神社

江府町江尾。中世には江美城の城下町として、近世には日野街道の宿場町として栄えた江尾の上ノ段に鎮座。細原（小原）荘の総鎮守。天照国照彦天火明櫛玉饒速日命など15柱を祀る。当地を拓いた進氏が大和国の石上神宮から天之磐船を模した神輿に分霊を奉安遷座して磐船神社を建てたのが始まりと伝える。後に厩戸豊聡耳命を祀り王子権現と親しまれたが、1868年に江尾社と改称、1873年に現称とした。1915年、現在地へ移り、近隣の城上・上段・山口・久連・代・鷺・諏訪の7神社を合祀。8月17日の宵には社前で〈江尾のこだいぢ踊〉

が奉納される。これは日野路最大の夏祭、江尾十七夜の中心行事で、新保広大寺節の口説を真似て歌い踊る。久連山に「十七夜」の火文字を描く山焼きもある。

福岡神社　伯耆町福岡。紀伊国の若一王子権現が大蛸に乗って熊野浦を渡り、吉備国を経て当地へ鎮座したと伝え、蛸様や蛸大明神と親しまれる。1868年に倉稲魂命を合祀して上代社と改め、1872年に上代神社とし、1916年に近隣3社を合祀して現称とした。速玉男命など8柱を祀る。境内には狐の像が無数にあり、崩御所とよばれる墳丘もある。10月の〈福岡神社神事〉は、山の栗樹から75枚の枌を採る榧取祭に始まり、崩御祭、御饌献上祭、大注連神事と続き、日本三大奇祭の一つに数えられる蛸舞式となる。蛸舞では、藁でつくった蛸を捧げ持つ男を、褌一丁の氏子12人が神楽囃子に合わせて8回突き上げて舞わせた後、丸梁に抱きついた蛸役（願主）を足役の8人が一気に8回転させるのを何度も繰り返す。

伝統工芸

弓浜絣

地域の特性

鳥取県は中国地方の北東部に位置し、鳥取砂丘の先に日本海を望む。南には、大山（標高1729m）を最高峰とする中国山地が連なる。山地から千代川、天神川、日野川が流れ出し、川沿いの平野にそれぞれ、鳥取市、倉吉市、米子市の市街地が形成されている。気候は比較的温暖で、春から秋は好天が多く、冬には雪が降る。台風などの自然災害が少なく、四季の移り変わりがはっきりしており、関西、関東とのアクセスは便利な地域である。

鳥取の名は、この地の沼沢の鳥を狩る人々が鳥取部として大和朝廷に仕えたことに由来するともいわれている。大化の改新後に、因幡と伯耆の2国が置かれた。因幡国司に大伴家持が任ぜられたこともある。奈良時代には東大寺の荘園が開かれ、平安時代は各地に荘園が設けられた。平安時代末以降、武士が台頭し、伯耆では豪族の名和長年などが名を成した。室町時代からは山名氏、尼子氏や毛利氏などを経て、豊臣秀吉が征したが、関ヶ原の戦いの後、1632（寛永9）年、池田光仲が鳥取藩主に封じられた。江戸時代の飢饉と百姓一揆など厳しい局面を乗り越えて、鳥取県が誕生する。

千代川流域には和紙づくりが伝わり、倉吉市には絣や張り子人形がある。米子市の西の境港市は、島根県とともに国の伝統的工芸品である出雲石燈ろうの産地である。三川町の流域に、特色ある伝統工芸が受け継がれている。

伝統工芸の特徴とその由来

鳥取県の伝統工芸の特徴は、豊かな森林資源を活かした和紙や木工品、竹細工、中国山地の砂鉄を用いた鍛冶製品、陶土や陶石を利用したやきものやワタ栽培に始まる絣織物など多様な業種が存在したことと、民藝運動の力を得た民工芸がみられることである。

この地域の和紙の歴史は古く、奈良時代には始まるといわれ、江戸時代には鳥取藩の多くの村々でつくられていたが、今も佐治と青谷の二つの地域を中心に製造され、国の伝統的工芸品「因州和紙」に指定されている。織物は、江戸時代中期以降に盛んになったといわれ、藍で綿花の手紡ぎ糸を染めた絵絣が、米子市、境港市に伝承されている。昭和時代初期には衰退していた弓浜絣を復興させたのは、民藝にかかわるつくり手であった。

県全域にあった木工や竹細工の伝統技法を、鳥取民芸木工という伝統工芸として世に知らせたのは、鳥取に民藝運動を広めた吉田璋也である。吉田が陶工芸に及ぼした影響も大きい。伝統の技法と現代感覚の意匠とが融合した数々の民工芸の窯で、堅実な匠たちが各々の作陶に取り組んでいる。

知っておきたい主な伝統工芸品

因州和紙（鳥取市佐治町、青谷町）

因州和紙は、書や水墨画用「画仙紙」の生産日本一で、全国の生産量の6～7割を占めている。半紙、工芸紙や染色紙なども人気がある。さらに、照明の傘などになる立体紙、光触媒技術で有害有機物を分解する空気清浄機能をもつ和紙など、最新の技術を取り入れた高性能和紙の開発に注力している。和紙としては、日本で最初の経済産業大臣指定伝統的工芸品であり、紙漉きの風景は、環境庁の「日本の音風景100選」である。因州佐治みつまた紙と因州青谷こうぞ紙は鳥取県無形文化財である。因州和紙は現在、鳥取市佐治町（旧八頭郡）と鳥取市青谷町（旧気高郡）の2地域で生産され、その歴史は1200年を超える。起源は不詳だが、奈良時代、8世紀半ばの正倉院文書に因幡の国印を押した紙がある。平安時代の『延喜式』（927（延長5）年）に、因幡国（鳥取県）から朝廷へ紙を献上した記録がある。

抄紙の背景には、中国山地から流れる千代川の清流と、産地に育つコウゾなど原料の存在がある。江戸時代初期には鹿野藩主亀井滋矩の朱印船貿易により輸出もされた。石見亀井家文書には、コウゾやガンピが「切ってはならない木」とされている。亀井家は津和野藩へ転封されたが、代わって因幡国全体を治めた鳥取藩が、紙座を設けて需給を調整したことにより、藩の御用紙や庶民の使う紙として、全国に広まった。

明治時代、県がミツマタ栽培の技術や生産法の革新などを推進した。また、墨がかすれず長もちする「筆きれず（因州筆切れず）」の紙として売り出された。製造工場は約500～1300以上に増加し、大正時代末期まで量産が続いた。

昭和時代に洋紙の生産向上により生産量が漸減し、さらに、生活様式の激変で壊滅的な打撃を受けた。しかし、伝統工芸としての和紙は、芸術や生活文化の素材として、専門家や愛好家の信頼を得てつくられている。

弓浜絣（ゆみはまがすり）（米子市、境港市）

弓浜絣は、綿花を手で紡いだ糸と藍染めの布である。その特徴は、絵絣（えがすり）といわれる愛らしい柄にある。スズメやウサギ、チョウ、松竹梅、鶴亀、麻、ボタン、稲穂、七宝など、縁起のよい題材がのびのびと配されている。長寿や健康への願いが素直に表現されている。

弓浜絣は糸紡ぎから始まる。綿花の種を取り、ほぐし、丸める。糸車を右手で回し、左手で糸の太さや撚（よ）り、張り具合を調整しながら引く。着心地を左右する大切な工程である。種糸台に糸を張って型紙をのせ、上から墨で印をつける。印のついた種糸を整経した糸と合わせ、絣を括（くく）る目印とする。目印に沿って、防染のための括りをする。括りを誤ると絵絣は織れない。肝心な工程である。括った糸を藍で染め、織機（しょっき）に掛けて織り、仕上げる。

弓ヶ浜は、米子市と境港市を結ぶ砂地である。江戸時代中期以降、質のよい「伯州綿（はくしゅうめん）」が栽培され、農家の副業として弓浜絣が織られるようになった。村の一張羅であり「日々着るもの」でもあった。倉吉絣、広瀬絣と並び山陰の三絵絣の一つに数えられるようになる。衣生活の変容とともに衰退したが、民藝の関係者とつながり、白洲正子の「銀座こうげい」で扱われるなどきもの通に一目置かれた。現在では、米子市や境港市の支援を受け、「弓浜がすり伝承館」において若手後継者育成が行われ、ポシェットやコースター、テーブルマットなど使いやすい小物も製品化されている。

因久山焼（いんきゅうざんやき）ほか（八頭郡八頭町ほか）

黒と緑の染め分けの皿や湯呑など日々の器が美しい牛ノ戸焼（うしのとやき）や、スリップウェアを暮らしに活かす山根窯（やまねがま）、平凡だが非凡といいたい土鍋のある岩井窯（いわいがま）など、鳥取県は民窯の魅力に溢れている。毎日の暮らしに溶け込み、心ゆたかなときを過ごさせてくれるようなやきものが多い。

始まりは江戸時代中期の因久山焼にある。明和年間（1764～72年）に鳥取藩主池田氏が、京の陶工に開かせ、窯のある因幡国久能寺にちなみ、因久山焼と命名した。陶技は、尾崎家と芹沢家に伝授された。享和・文化年間（1801～18年）頃に、信楽（しがらき）の陶工勘蔵が新たな技法をもたらし、息子とともに窯の礎を築いた。鉄分を多く含む地元の土と、藁灰釉（わらばいゆう）や緑釉（りょくゆう）、海鼠釉（なまこゆう）、辰砂（しんしゃ）などの釉薬（ゆうやく）を用い、格調の高い茶器などを制作した。現在も江戸時代以来の登り窯で、茶碗や水指（みずさし）、皿、珈琲碗、花瓶などがつくられている。

鳥取県の北東端から15kmにわたって絶景の続く浦富海岸にある漁村、田後（たじり）付近の山中で陶石が採れた。鳥取藩は、出石（いずし）（兵庫県）の陶工を招いて、浦富に窯を開かせ、江戸時代末期〜廃藩まで十数年間、染付の磁器を焼かせた。1972（昭和47）年に、現代作家が浦富焼の名を継ぎ、浦富の陶石を用いた新たな作品を生み出している。

良質の土や石に恵まれた鳥取県には、上神焼（かずわやき）、法勝寺焼（ほっしょうじやき）、牛ノ戸焼など多くの窯がつくられたが、いずれも一時衰退した。昭和時代初期、民芸のプロデューサーを自認した吉田璋也を中心に、牛ノ戸焼の坂本實男（さかもとさねお）を始め新作民芸に取り組む陶芸家たちが窯をもつようになり、現在は、民窯と出会える地域になっている。

鳥取民芸木工（とっとりみんげいもっこう）（倉吉市）

鳥取県の南東部に、国の重要文化的景観に選定された「智頭の林業景観」がある。広葉樹の自然林と、江戸時代に植林を始めた杉林のある山の景観と、スギの苗と作物を循環させて栽培する営みなど、地域の文化が総合的に高く評価されたものである。智頭町だけでなく、鳥取には、クリ、ケヤキ、ヒノキ、マツ、トチノキ、エンジュなど豊富な樹木があり、木地師や指物師（さしものし）の技が伝えられてきた。挽物や刳物（くりもの）、桐箱などの製品に、豊富な樹種が活かされているところに鳥取の木工芸の特色がある。

例えば、クリの木の桟に因州和紙を貼った笠を、ケヤキの轆轤（ろくろ）挽（び）きの丸柱が支える照明器具がある。木部はすべて深みのある拭（ふ）き漆（うるし）仕上（しあ）げの卓上のあかりである。鳥取の木工芸の伝統技法が、民藝運動の意匠と組み合わされた工芸品である。

デザインしたのは、医師で鳥取県において民藝運動に生涯をささげた吉田璋也である。柳宗悦（やなぎむねよし）の民藝の考え方に基づいて、伝統工芸の職人たちを導き、民藝の販売組織の運営も行った。使い手に啓蒙の場を設け、執筆活動を行うなど、あらゆる努力を惜しまなかった。デザインの面では、あかり以外にも鳥取民芸木工の椅子や机などを考案した。今後も、伝統の技法と職人自身の工夫により、新たな作品が生まれることが期待されている。

淀江傘（よどえがさ）（米子市）

淀江傘では、竹の骨組に和紙を貼り、植物性の油を引いて防水をした、実用的な和傘である番傘や蛇の目傘が主につくられている。雪も降る地域に合わせて、骨太で骨の本数も多い丈夫なつくりや、赤や紫の地に梅や亀甲の型に白抜きになっている蛇の目の意匠などの装飾に特徴がある。梅型は女傘、亀甲型は男傘に用いられるという。蛇の目傘の小骨の部分に、施される色鮮やかな絹糸の飾りは、本桔梗の糸飾りと呼ばれ、淀江傘だけの意匠である。

淀江傘は、江戸時代後期の1821（文政4）年、倉吉から淀江に来て傘屋を開いた倉吉屋周蔵に始まるとされている。淀江には傘づくりに適した良質なマダケと、1万本以上の和傘を一度に干すことができる日野川沿いの砂地があった。しかも、傘紙は青谷から因州和紙を仕入れることができた。京都、岐阜、金沢と並ぶ「和傘の四大産地」となった淀江だが、1984（昭和59）年に最後の店が廃業した。しかし、翌年には地元の有志による「淀江傘伝承の会」が組織され。淀江傘の伝統技法を受け継いでいる。

木彫十二支（きぼりじゅうにし）（岩美郡岩美町）

木彫十二支は、イヌマキなどの天然木の挽物に部材を足し、削り、彫りといった加工をした人形の木地を、胡粉で真っ白に覆い下塗りとする。その上を泥絵の具で丹念に着色し、目を入れて仕上げる木製の十二支の置物である。挽物ならではのかっちりとした丸みと、十二支の特徴を捉えた加工、ビビッドなカラーリングが魅力的だ。1964（昭和39）年と2015（平成27）年の年賀切手の図柄になったり、皇室一家が木彫十二支を前に談笑する写真が新聞に掲載されたこともあり、全国から注文が入る。

木彫十二支の工房の祖先は木地師である。木を求め、西日本各地を巡っていた小椋佐兵衛は、約200年前に現在の鳥取市吉岡に居を定めたという。後に岩美町の岩井温泉に移住し、轆轤を挽き、盆や茶道具、人形や独楽（こま）などを制作した。木彫十二支は、8代目小椋幸治が今から約90年前に考案した。工房には、全国的にも珍しい、木地師の伝統を伝える貴重な足挽きの轆轤が残されている。幸治が使っていたものである。

木地師は、惟喬親王（これたかしんのう）の家来の小椋秀実の子孫と称し、全国の山の7合目より上の木材を伐採できる権利証「朱雀天皇の綸旨（りんじ）」の写しを所持し、移動しながら生活していたといわれている。9世紀に近江国蛭谷（おうみのくにびるたに）（滋賀県）に隠棲した惟喬親王が、綱引轆轤を考案し、木こりたちに伝授したことが挽物の起源とする伝説もある。鳥取の木と出会い、岩井に根をおろした木地師の子孫は、心安らぐ木彫りの干支の祖となったのである。

民　話

地域の特徴

鳥取県は、大山（だいせん）（1,729 m）を代表とする中国山地の日本海側に位置し、東を兵庫県に、西を島根県、南は岡山県、そして南西部にわずかではあるが道後山を境にして広島県の4県と隣接している。その中国山地と日本海との距離がないため大河はなく、約80 km の日野川（米子市）が最長であるが、関東平野を流れる利根川の4分の1しかない。

鳥取の呼び名であるが、日本最初の歴史書『古事記』に大和朝廷が諸国に鳥を捕らえさせ、これを税として納めるように命じたという。当時の鳥取平野は沼や沢が多い湿地帯だったため、水辺に集まる鳥などを捕らえて暮らす人々が住んでいた。それが大和朝廷の支配に組み込まれ「鳥取部」として従属したため、「鳥取」の地名が生まれたという。

また、特産品としては、松葉ガニ・二十世紀梨・砂丘らっきょうなどが有名であるが、第一次産業従事者は県人口の約10.9％である。

現在の鳥取県は、面積は全国で7番目に小さく3507 km^2、人口は国内で最も少なく55万6,549人（2019年4月1日現在、鳥取県統計課）である。

伝承と特徴

『古事記』に登場する「因幡の白兎」は、鳥取市白兎海岸近くの白兎（はくと）神社に兎神として祀られているとされる。この話は、「大きな袋を肩にかけ♪」が歌い出しの「大黒様」の話として、1905（明治38）年「尋常小学唱歌第二学年　上」に掲載の文部省唱歌でも知られている。

一方で、村独自の文化や民話を伝承してきた話も多く残っている。例えば、鳥取市佐治町（旧・佐治村）には、愚か村の話の一つとして「佐治谷話」がある。「さじ民話会」が村の古老から方言豊かな78話を編集し、2004（平成16）年に佐治村が、「さじ民話会」と共に村の「無形民俗文化財」に指定している。現在、行政が民話を「無形民俗文化財」に指定しているのは、全国で鳥取市だけである。

その鳥取市では毎年、文化発展に寄与した市民を表彰する文化賞を授与してきたが、2018年は民話研究や伝承に寄与した鳥取県民話サークル連合会会長を表彰した。なお、民話伝承活動団体の主な地域は、東部の鳥取市、中部の倉吉市、西部の米子市などであり、その連合体として「鳥取県民話サークル連合会」が存在する。

そこで、鳥取県における口承文芸史を見ると、かなり古い文献として『因伯昔話』（横山啓次郎）があり、戦前には『因伯民団』『因伯童話』、戦後になると『因伯伝説集』『大山北鹿の昔話』（聞き書き）、『因伯昔ばなし』『鳥取の民話 日本の民話61』などが編集されてきた。昔語りでは、家庭内の囲炉裏や寝床での縦の伝承（祖父母・親から孫や子への伝承）や寄合いによる横の伝承が多かったが、平成になる頃から民話サークル活動による一般や子どもへの語りが多くなり、縦の伝承が激減した。

なお、鳥取県の昔話の発端句には、「むかし」「さて昔」「とんとん昔があったげな」「さてむかしのう」などがある。結末句には、「むかしこっぽり」「そればっちり」などが多い。

おもな民話(昔話)

旅人馬

昔、仲良しの金持ちの家の子と貧乏な家の子が一緒に旅に出て、ある宿に泊った。夜中に女の人が部屋の囲炉裏の灰をきれいにすると、出てきた穂を摘み取り、翌朝団子にして部屋に持ってきた。貧乏な家の子は食べなかったが、金持ちの家の子は食べたとたん馬になった。貧乏な家の子は、何とか助けなければと外を歩き回るとお爺さんに出会い、「茄子を七つ食べれば直に人間に戻る」と教えてもらった。茄子畑を探し茄子を七つ持って宿に戻り金持ちの家の子に食べさせると人間に戻った。金持ちのお父さんは財産の半分を貧乏な子にあげたので、どちらも安楽に暮らせたとや。そればっちり（『山陰の民話とわらべ歌』）。

この類話は東北各県に多いが、中国地方では岡山県に1話しかなく、鳥取県では智頭町の大原寿美子（1907年生）が語る貴重な1話となる。

蟹のふんどし

昔々、さじの若者が浜の嫁の実家に婿入りすることになった。ところが、ふだん他家に行ったこともないし、お客の礼儀作法がさっぱりわからんので、その日の朝になって親たちが心配していろいろ作法を教えた。その時、浜の方ではご馳走に蟹が出るから先にふんどしを外せと教えた。やっぱり蟹が出たので、「これだ、これだ」と言って婿は自分のふんどしを脱いで小さくたたんで脇に置き蟹に箸を付けたという（『復刻　佐治谷のむかしばなし』）。

蟹のふんどしとは、蟹の腹部にある三角形状の副甲のことである。蟹を食べる時は、この副甲を外せということである。つまり、山奥の村に蟹がいないために婿はよく知らなかったという。なお、この話は、浜の方では「佐治谷の愚か婿」と言われている。

鳩と蟻（あり）　昔ある時、大雨の降ったあげくのことでござんす。道端で遊んでいた蟻（あり）が、川に押し流されて雨水と一緒に溺れ寸前になっておるところを、空飛ぶ鳩が見て、「おお蟻さんは可哀そうに、今助けてやらなんだら死んでしまうとこじゃ」。木の葉を銜（くわ）えて蟻の傍に落としてやりました。それを見て蟻は喜んで、木の葉へ取り付いて、「ああ、鳩さんがこれを落としてくださったからこそ岸へ着くことができる。鳩さんのお陰で命拾いをした。ご恩は一生忘れず、いつかご恩返しをせにゃならん」と、日頃から思い続けて機会が来るのを待っておった。ある日のこと、その鳩さんが木で止まっていると、鉄砲打ちが来てその鳩を狙うて、今にもぶっぱなそうとしておるところを蟻さんが見つけて、「この時に助けにゃ、鳩さんは鉄砲打ちに取られてしまう」。急いで蟻は鉄砲打ちの身体にさばりついて、腕へ這い上がってひどく嚙（か）み付いた。鉄砲打ちは狙いが狂うてしまうところへドンと一発なって、鳩はそれとは知らずに翔（た）って行きました。これを見ていた蟻は喜んで、「これで、わしも恩返しができた。鳩さんは無事に逃げて行ってござれた」。蟻も大変喜び、それとは知らん鳩もなお喜んで逃げたことと思います。話はこればっちり（『因幡智頭の昔話』）。

これは、イソップ物語の類話と思われるが、鳩と蟻による報恩譚である。

おもな民話（伝説）

湖山（こやま）長者　鳥取に湖山長者というたいそうお金持ちがおった。この長者は大勢の村人を雇いみんなで歌をうたいながら田植えをしていた。大変広すぎて日が沈むまで終わりそうもなかったので、長者が「太陽さま、まだ沈まないでください」と何回も何回もお願いをして、扇子で太陽さまを扇いだ。すると、半分ぐらいしか見えなかった太陽が少しずつ上がって来て明るくなったので、何とか田植えが済んだ。翌朝、田圃を見ると一面水がいっぱいで池になっていた。長者は、お日様に無理をさせたことを反省し、田植えを手伝ってくれた村人に謝ったという。その後、この田圃は「湖山池」となった（『ふるさとの民話6　鳥取県西部編』）。

これは、現在の湖山池が舞台となった鳥取市湖山町に伝わる話である。驕り高ぶった長者が、餅を的にして矢を射ると、餅が白鳥になって飛んで行き、やがて長者は滅んだという「餅の的」（『豊後国風土記』）にある話と通底するもので、長者没落型の伝説である。

打吹山の天女

昔、ある百姓が天女の衣を取って隠した。天女は天へ帰れなくなり、そのままそこにいついて百姓と結婚し、二人の子どもが生まれた。ある日のこと、二人の子どもは、父親から「だまっとれ」と言われていたが、つい、「これはお母さんの着物だ」とお櫃を開けて見せた。母親は、その羽衣を着て朝顔の蔓を伝わって天に上がってしまった。二人の姉妹は嘆き悲しんで山に登って、母に届けとばかりに鼓や太鼓を打ったり笛を吹いたりしたというので、その山に打吹山（204m）という名が付いたという（『ふるさとの民話5　鳥取県中部編』）。

この伝説は、昔話「天人女房」の伝説化で、羽衣を隠すのは漁師や百姓が多い。倉吉市の話は、二人の子どもの姉「お倉」と妹「お吉」の名をとったといわれている。特定の山や地名の由来につながるところに地域の特徴がみられる。また、天女が近くの羽衣石山（372m）に降りたという話があることから、「羽衣石の天女」という話も残っている。

大山の背比べ

大山を大陸から見ていた韓の国の神様が、自分の国の韓山と背比べをさせようと船に乗せて運んできたが、雲間から高い峰をのぞかす大山の雄姿に驚いて、「これはかなわない」と韓山を置き去りにして慌てて逃げ帰ってしまった。この韓山は誇り高い山で、評判の高い大山と背比べをしたくなり、実際背比べをしてみると、韓山の方がわずかに高かった。怒った大山が蹴飛ばしたので、頭が欠けた姿で大山のそばに横たわっているという。負けた韓山は、大山の西北8kmにある孝霊山（751m）で、高麗山とも呼ばれている（『日本の伝説47 鳥取の伝説』）。

山の背比べの話は、他に「鷲峰山と大山」「三徳山と大山」などがあるが、いずれも争い事が起きている。三徳山には、修験道の祖、役行者が法力で、三徳山の崖に投げ入れたとされる国宝「投入堂(なげいれどう)」がある。

おもな民話（世間話）

七尋女(ななひろおんな)　部落内にある御堂の辺りに墓地が多く、御堂より100mほど離れた処に桜の古木がある。昔、部落のある男が、雨のそぼ降る夜、御堂と墓所の間の道を男が通っていると、背中に「ぞっ」と寒気を感じ恐ろしくなったが、必ずの用事があるので、気を持ち直して歩いていると、後ろから後をつけてくる気配がする。やっと桜の木のところまで来ると女が立っている。男はびっくりして動けなくなり、「よたよた」とその場に座り込んでしまった。ところが何と、女は見る間に背丈が伸びて、七尋（約13m）もある様になった。男は声も出ず、這いながらやっと逃げ帰った。以来、深夜の人通りはぷっつり途絶えたという。

その頃、武道の心得のある旅人が出かけると、案の定、高くなる女が現れたので、切りつけると消えた。翌朝、血が点々と尾を引いて日野川縁(べり)で消えている。人々は、七色樫の蛇身ではないかと言って恐れていたという（『洲河崎むらの歴史』）。

この「七尋女」の話は、中西部の伯耆地方に残っているが、島根県では出雲や隠岐などに「七尋女房」として多く聞かれる。

野つぼ風呂　白谷ちゅう部落に野つぼがあったそうな。ある人が法事に呼ばれて行ってご馳走を沢山よばれ、ようけい残したご馳走をスボ（つと）に入れてひもで腰にぶらさげて、酒に酔うてフラフラ夜風に吹かれながら山道を帰ったそうな。そしたら、キツネが「あのスボが欲しいなあ。何とか手に入れたいもんだ」と思って、後をつけて来ておったそうな。ところが、その人は、歌でもうたって帰りょって、白谷の野つぼの所に差し掛かった時、「いい按配に風呂がわいとうけども、ひと風呂あびて帰りなはらんかいや？」言うてキツネが人に化けて誘うたそうな。すると、その人は裸になって風呂のつもりで野つぼに入って、ゴシゴシ体を洗い始めた。キツネは「うまい具合に化かしたわい」とスボを持って退散した。夜が明ける頃に本物の人が通りかかって「何ちゅうかっこうしとるのや」と聞かれ、その人は「風呂に入って帰れと言われたんや」言うて野つぼの中でバシャバシャやっとったそうな。昔こっぽり（『新鳥取県史　民俗1 民俗編』）。この話は、世間話的笑話に属する。

ツチコロビ

地域の特徴

鳥取県は、日本海を北に臨み、南には中国山地が迫るという豊かな自然に恵まれた山陰地方東部に位置する（自虐的にいえば、「島根県の右」）。都道府県別人口や高速道路の整備率を最下位とする一方で、ベニズワイガニの漁獲量全国1位、ズワイガニ2位、梨の出荷量全国3位、スイカ4位という統計にも裏付けられる。主な観光名所としては県東部に「日本一のスナバ」鳥取砂丘、中部の三朝(みささ)温泉と三徳山（日本遺産）、大山（日本遺産）、さらには妖怪を駅名としたJR境線と妖怪ブロンズ像を配置した商店街・水木しげるロードがある。

現在の鳥取県域にあたる旧因幡国(いなばのくに)と伯耆国(ほうきのくに)との両国は、戦国時代の小大名割拠を経た後、江戸時代には西国の大大名である池田氏によって治められた。県城の中心は因幡の鳥取であり、伯耆の主要地には家老や上級家臣を派遣していた。民俗伝承については、県東部の因幡は但馬（兵庫北部）と、中西部の伯耆は出雲（島根東部）と、南部の農山村域は美作（岡山東北部）・備中（同西部）・備後（広島県東部）という隣接する地域と関連がある。

伝承の特徴

江戸時代の藩士のなかには、お家の由緒・国の風俗の記録という勤めから派生したのであろうか、地誌類の編さんに意欲を起こし、伝承の採集を行った知識層がいる。この過程で口碑伝承、特に怪談の類も収集されており、江戸時代中期の代表的なものをあげると、佐藤長通（景嶂）・長健父子による『因府夜話』、上野忠親『雪窓夜話』、『因幡怪談集』（著者不明）、野間宗蔵「怪談記」（『因州記』所収）がある。これら記録された怪談の他に、民間では昔語りが行われ、狐をはじめとする化け物が登場していた。

主な妖怪たち

赤頭

大山町名和に伝わる、常人離れの怪力の持ち主であった赤頭という人物。上には上がいるもので、米俵を12俵梯子に乗せて運んだ彼を翻弄する14、5歳のくらいの男の子がいた。この子は、お堂の柱に指1本で、5寸釘を刺したり、抜いたりしたという（『因伯傳説集』）。

小豆とぎ

小豆を研ぐような音の怪。江戸時代、鳥取の町で噂になったり（「怪談記」）、小豆洗い女という（三朝町片柴）ところもあり、七尋女房（島根県で後述）とともに出てくるところもある。

牛鬼

湯村（鳥取市気高町勝見）では、寒い夜、雨やみぞれの降るなかを歩いていると、蓑笠から顔に蛍の火のようなものへばりつくという（上野忠親『勝見名跡誌』）。越前・越後のミノムシ（柳田國男「妖怪名彙」）と同様の怪異である。また同町姫路には、首から上が牛で下が鬼の形をした牛鬼という化け物がいて、田畑を荒らし牛馬を食い殺していたが、福田左近という人物に退治されたという（『因幡伝説民話第3集』）。

海坊主

米子地方に現れたという海辺の怪。『因幡怪談集』（「伯州米子の辺にて海坊主と言者を取ること」）によれば、剛気なる力自慢の男が、浜で2尺（約60cm）まわりほどの杭のような形状で光る怪物に遭遇したという。男は苦闘の末、自分の帯でくくりつけ、家の柿の木にしばっておいた。翌日、古老の話では「これは海坊主という物で、昔、海辺を夜通るとたまたまには出没すると聞いていた」という。

おとん女郎（狐）（髪そり狐）

鳥取市本高と宮谷との間にある立見峠には「おとんじょろう」という名の狐が棲みついていたという。この狐は、峠を通行する者を丸坊主にしてしまう、いたずら狐として有名であった。なぜ「おとんじょろう」とよばれるのか、それには別の話がある。立見峠の狐が子どもを生んだが、乳の出が悪くて困っていた。そこで、いつも峠を通る油商人が昼寝をするのを見計らっては油を盗み、子狐を育てた。母狐は、子が成長すると、油商人を訪ねて経緯を話し、恩返しとして自分が美しい女に化けるので、女郎（遊女）に売ってくれと言った。「お冨（おとん）」と名付けられた女（狐）は、芸が上手なことから人気が上がり、油商人も女郎屋も財をなしたという。この話では、いつも人を化かす狐が、恩返しをするという内容になっていて、人から恩を受けたらその恩返しをしなさい、という教訓も含まれている。

カワコ

鳥取県には東から千代川・天神川・日野川と三大（一級）河川があり、それぞれの支流の村では、旧暦7月15日には、「釜焼き」などとよばれる小麦粉の団子をつくって神棚に供え、この日は川に近づかない、年中行事がある。また、12月朔日には「師走川に落ちないように」と膝や肘に泥に見立てたぼた餅を塗る真似をするという風習もある。県西部、日野川流域の河童伝承を取り上げる。

日野川河口の町、米子には江戸時代、夜便所に行くと尻をなでられるといわれていた。ある侍が便所で待ち構えて、手が出てきたところを捕まえて腕を切り、家に持ち帰ったという。すると、加茂川の河童が訪ねてきて腕を返してくれと言う。二度と悪さしないと誓わせて腕を返すと、河童はそのお礼に傷薬をくれたという。米子には、他に河童の足跡の残る「赤子岩」も残る。

日野川上流に近い日野郡には、人馬を水に引き込む悪戯（いたずら）河童を高僧が懲（こ）らしめる話が伝わる。そこで高僧は、石に名号や河童の姿を描き（彫り）、これを消せなければ水から出てはならぬ（この淵に棲んではならぬ）と言い渡し、河童は必死で削り取ろうとするができなくてあきらめるという。

経蔵坊（狐）

江戸時代の鳥取城には「経蔵坊」という早足の狐が棲んでいて、殿様の使いで鳥取と江戸とを3日で往復したという。ところがあるとき、道中の播磨の三日月村で田に仕掛けられたわなにかかり、死んでしまったという。殿様は哀れがり、城内に祠（ほこら）を建てて祀った。これが久松山中にある中坂神社であるという。

ショロショロ狐

鳥取市と岩美町の境、駟馳山のふもとの水がショロショロと音を立てて下がる所に出没しては美しい娘に化けたという狐。ある日、馬子をだまそうとしたところ、村に連れて来られ、苦し紛れに石の六地蔵の7体目に化けたが、馬子が7体の地蔵に順々にヤイト（灸）を据えたので、見つかったという。

ツチコロビ

県中部の山間部で伝わる胴体の太い蛇。古くから「伯耆中津の山間の村でも、槌転びというくちなわがいて、足もとに転がって来て咬（か）み付くといっている（「妖怪名彙」）」という。三朝町では、「つちの子」が飛び出るというところもある（片柴）。同町神倉、今泉では昭和35、40年の目撃譚も伝わる。

天狗

霊峰に棲むという天狗は、山の霊性や修験者の神格化と考えられ、県内で大山（西伯郡大山町）の伯耆坊（ほうきぼう）や三徳山（東伯郡三朝町）の日中坊（にっちゅうぼう）など固有の名前がある。特に大山には、天狗がいるので、子どもは2歳のときに初めてお参りし、後は10歳になるまでお参りできない習慣がある。小泉八雲が「骨董」で取り上げた、天狗に赤子の首を取られるという龍王滝（幽霊滝）のある滝山（日野郡日野町）の伝承にも通じる。米子市、江府町、日南町には大山の天狗が羽根を休めたという松の伝承があり、『陰徳太平記』には、大山大智明権現の神勅を尼子晴久に伝える天狗風の山伏が登場する。

徳尾の大坊主

「徳尾の森」（鳥取市徳尾の大野見宿禰命（すくねのみこと）神社叢（そう））は、千代川左岸の鳥取平野に独立して存在する照葉樹林の丘陵であり、夜になれば人寂しい所であった。ここには、江戸時代から化け物が出るといわれていた。

ある勇敢な侍が化け物の正体をあばいてやろうと、日暮れに出かけてきた。侍は森の脇にある茶店に寄り、亭主に化け物のことを尋ねると、夜更けに森を3回まわると出現するという。そこで森に入って、言われたとおりにすると、見上げるような大坊主が現れて、侍をにらみつけた。ところが侍はびくともしない。すると大坊主の姿は消えてしまった。

侍が森を下り、茶店の亭主に大坊主の話を聞かせると、亭主は「こんな大坊主でしたか」と、一回りも大きな大坊主に化けたので、さすがの侍もびっくりしたという。

鳥取の蒲団

鳥取のある旅館で使われていた蒲団は、夜中「あにさん寒かろう？」「おまえ寒かろう？」とものを言った。そのわけは、冷酷な家主に取りあげられた蒲団に、貧しくして亡くなった兄弟の念が染みついたものだったという。後に蒲団は供養されて、しゃべることはなくなったという（小泉八雲「日本海のほとりにて」）。

化け猫おふじ

天台宗の古刹・転法輪寺（琴浦町別宮）の山門に刻まれた彫刻の猫とともに語られる伝説。化け猫が、長年飼われた恩返しをする話でもある。住職は飼い猫のおふじが他の猫に「盆踊りに行こう」と誘われるのを聞き、化けて踊ることを知る。化け猫の正体を知った住職は猫を追い出す。それから何年か経って、隣国の長者から

「亡き妻の葬儀を邪魔する物の怪を追い払ってほしい」と頼まれる。住職が長者宅に行くと、猫が現れ「住職さんが拝んだら物の怪は消えるので、お礼をたくさんもらいなさい」といい、そのとおり事が運んだという。

フゴオロシ 大きな木のそばを通ると、フゴ（藁で編んだ円形の運搬具）が下りてきてさらわれるという（鳥取市気高町宝木、瑞穂）。同様に「天狗のカゴ下ろし」というところもある（三朝町片柴）。

山てて（父） 鷹匠が鷹を求めて智頭の山奥に入って小屋がけしていたところ、ある夜に身の丈6尺（約1.8m）、裸で全身に毛が生えている老人がやってきて火にあたった。髪は赤く縮れて顔は人とも猿ともつかない。言葉も通じなかった。後に古老に尋ねると、「山てて」であり、これにあたると山が荒れると答えたという（「怪談記」『因府夜話』）。

ヨブコ 鳥取地方では山彦すなわち反響を呼子または呼子鳥という（『因伯民談』1-4）。何かそういう者がいてこの声を発すると考える者もある（「妖怪名彙」）。

雷龍 1791（寛政3）年5月晦日暁に因州城下に落ちたという幻獣。タツノオトシゴのような形状で大きさは8尺（約2.4m）あったという。

鳥取県高校野球史

鳥取県に初めて野球が伝わったのは，1889年頃といわれている．96年には鳥取中学（現在の鳥取西高校）で野球部が誕生し，続いて98年頃に鳥取師範，1900年には鳥取県第二中学（現在の米子東高校）でも創部された．15年，第1回大会では鳥取中学が代表となり，初戦で広島中学を降している．

25年夏には米子中学が初出場した．以後，戦争で中断されるまでに鳥取一中（鳥取中学が改称）が16回，米子中学が6回出場，鳥取一中は当時全国的に知られた強豪校でもあった．戦前にこの2校以外で出場したのは，32年の選抜に選ばれた鳥取二中（現在の鳥取東高校）のみである．

48年学制改革があり，山陰地区は岡山県を加えて東中国大会となった．山陰では島根県を圧倒していたが，岡山県勢は手ごわく，11回のうち出場できたのは5回だけである．

56年夏，長島康夫投手を擁した米子東高校が甲子園に出場，鳥取県勢として戦後初めてベスト4まで進出した．さらに，60年選抜に山陰勢として初めて決勝戦に進出した．以後60年が経過しているが，その後山陰からは1回も決勝に進むことができていない．

75年選抜には倉吉北高校が初出場．同校は当時としては珍しい関西からの野球留学を積極的に受け入れている学校で，名門公立高校が主導権を握っている鳥取県では異色の学校であった．

78年夏，鳥取県も1県1校となり，倉吉北高校が初戦で早実を3－2で破って一躍注目を集め，以後強豪として知られるようになった．81年の選抜では鳥取県勢として20年振りに準決勝まで進出した．

以後，甲子園で1大会に2勝をあげた学校は，前述の倉吉北高校と，88年選抜の倉吉東高校のみと県勢は甲子園で活躍することができていない．

主な高校

倉吉北高（倉吉市，私立）
春4回・夏6回出場
通算6勝10敗

1961年創立．63年に軟式で創部し，69年に硬式に移行した．75年選抜で初出場．81年選抜でベスト4に進んで注目を集め，以後県外からの留学生が多いことで有名になった．

倉吉東高（倉吉市，県立）
春2回・夏1回出場
通算2勝3敗

1909年県立倉吉中学校として創立．48年の学制改革で倉吉第一高校となり，49年倉吉第二高校，倉吉実業高校を統合して県立倉吉高校と改称．53年東西に分離して倉吉東高校となる．

13年に創部し，15年夏の第1回予選にも参加．甲子園初出場は88年選抜で，いきなり2勝をあげた．

境高（境港市，県立）
春2回・夏8回出場
通算2勝10敗

1940年境中学校として創立．48年の学制改革で境第一高校となり，49年余子水産高校，境第二高校と統合して県立境高校と改称した．

46年に創部し，52年夏に甲子園初出場．84年夏初戦の法政一高戦は9回までノーヒットノーランに抑えながら延長10回2死から打たれた初ヒットがホームランとなってサヨナラ敗け．近年では2016年夏に出場している．

鳥取商（鳥取市，県立）
春0回・夏2回出場
通算0勝2敗

1910年鳥取県立商業学校として創立．34年県立鳥取商業学校と改称．48年の学制改革で県立鳥取商業高校となる．翌49年に鳥取西高校に統合されたが，57年に鳥取商業高校として再独立した．32年創部．2004年夏に甲子園初出場，11年夏にも出場した．

鳥取城北高（鳥取市，私立）
春3回・夏5回出場
通算2勝7敗

1949年に創立した鳥取ドレスメーカー女学院を前身として，63年に鳥取城北高校を設立．69年に創部し，2009年夏に甲子園初出場．以来13年間で春夏合わせて8回の出場を果たした．20年夏には甲子園交流試合に出場．

鳥取西高（鳥取市，県立）
春4回・夏23回出場
通算25勝27敗

1873年鳥取県第四大学区第十五番変則中学校として創立．鳥取中学校，鳥取第一中学校を経て，1949年に鳥取西高校となる．

1896年創部．1915年夏の第1回大会に出場してベスト8に進んだ．戦前だけで甲子園に春夏合わせて16回出場し，準決勝に4回進出している山陰きっての名門．戦後もコンスタントに出場を続けている．近年では2008年夏に出場している．

八頭高（八頭町，県立）
春1回・夏8回出場
通算4勝9敗

1926年県立女子師範併設八頭高等女学校として創立．48年の学制改革で八頭高校となり，52年に創部．87年夏に甲子園初出場．94年夏に2度目の出場を果たすと，以後は出場回数を重ねている．

米子松蔭高（米子市，私立）
春1回・夏3回出場
通算1勝4敗

1955年米子高等経理学校として創立し，62年米子商業高校となる．2001年米子松蔭高校と改称．

1966年創部．米子商業時代の88年夏に甲子園に初出場し初戦を突破した．

米子東高（米子市，県立）
春9回・夏14回出場
通算16勝23敗，準優勝1回

1899年鳥取県第二中学校として創立．1907年県立米子中学校を経て，48年の学制改革で米子第一高校となる．49年県立米子実業高等学校，県立法勝寺実業高等学校を統合して米子東高校と改称．

00年に創部し，15年夏の第1回大会予選にも参加した山陰屈指の名門．25年夏甲子園に初出場した．以来出場を続け，60年選抜では山陰地方唯一の甲子園決勝に進出している．近年では2019年に春夏連続出場している．

米子南高（米子市，県立）
春0回・夏3回出場
通算0勝4敗

1927年鳥取県立蚕業学校として創立．以後，変遷を経て49年県立米子東高校に統合され，53年県立米子南高校として独立し創部．63年夏に甲子園初出場．70年米子南商業高校と改称した後，72年に部員不足で休部，後に廃部となった．2001年淀江産業技術高校と統合して米子南高校に戻る．

鳥取県大会結果（平成以降）

	優勝校	スコア	準優勝校	ベスト4		甲子園成績
1989年	米子東高	12－4	倉吉東高	鳥取商	鳥取西高	初戦敗退
1990年	境高	12－7	鳥取西高	倉吉北高	八頭高	2回戦
1991年	米子東高	2－1	八頭高	鳥取西高	倉吉東高	初戦敗退
1992年	倉吉北高	4－3	鳥取西高	鳥取城北高	米子西高	初戦敗退
1993年	鳥取西高	4－1	鳥取城北高	倉吉東高	赤碕高	3回戦
1994年	八頭高	9－7	境高	米子北高	鳥取城北高	3回戦
1995年	倉吉東高	5－1	根雨高	境高	倉吉北高	初戦敗退
1996年	八頭高	6－0	鳥取城北高	倉吉産	鳥取西高	初戦敗退
1997年	八頭高	11－5	米子商	鳥取商	鳥取西高	初戦敗退
1998年	境高	3－2	米子北高	根雨高	倉吉東高	初戦敗退
1999年	倉吉北高	3－2	米子西高	鳥取城北高	倉吉産	初戦敗退
2000年	米子商	5－2	由良育英高	米子高	倉吉北高	初戦敗退
2001年	八頭高	2－1	由良育英高	根雨高	米子西高	初戦敗退
2002年	倉吉北高	7－6	鳥取西高	八頭高	由良育英高	初戦敗退
2003年	八頭高	4－2	倉吉北高	鳥取城北高	鳥取西高	2回戦
2004年	鳥取商	9－2	鳥取西高	八頭高	米子西高	初戦敗退
2005年	鳥取西高	8－0	米子西高	岩美高	鳥取城北高	初戦敗退
2006年	倉吉北高	10－4	倉吉東高	鳥取城北高	鳥取商	初戦敗退
2007年	境高	7－3	倉吉総合産業	倉吉北高	倉吉東高	初戦敗退
2008年	鳥取西高	2－1	鳥取城北高	鳥取商	八頭高	初戦敗退
2009年	鳥取城北高	6－3	鳥取商	鳥取西高	米子松蔭高	初戦敗退
2010年	八頭高	4－1	米子北高	倉吉東高	鳥取商	初戦敗退
2011年	鳥取商	4－3	境高	鳥取中央育英高	八頭高	初戦敗退
2012年	鳥取城北高	7－6	鳥取中央育英高	倉吉東高	倉吉西高	2回戦
2013年	鳥取城北高	7－4	八頭高	倉吉東高	鳥取商	初戦敗退
2014年	八頭高	2－1	鳥取城北高	鳥取商	米子東高	3回戦
2015年	鳥取城北高	9－6	鳥取西高	米子西高	境高	初戦敗退
2016年	境高	19－4	米子松蔭高	鳥取城北高	鳥取西高	初戦敗退
2017年	米子松蔭高	5－2	米子東高	八頭高	倉吉東高	初戦敗退
2018年	鳥取城北高	8－0	米子西高	鳥取西高	倉吉西高	初戦敗退
2019年	米子東高	6－5	鳥取城北高	倉吉東高	境高	初戦敗退
2020年	倉吉東高	7－5	鳥取城北高	倉吉北高	米子工	(中止)

牛ノ戸焼（皿）

地域の歴史的な背景

豊かな自然に恵まれた鳥取県は、神話でも有名である。弓が浜を綱として大山を杭として島根半島を引き寄せたという国引きの神話、大国主の命が因幡の白兎を助けたという話に始まる国づくり神話など、そこからも因幡国や伯耆国が古くから出雲系の豪族に支配されていたことが推察できる。東伯郡北条町の島遺跡や鳥取市湖山池付近には、縄文時代の住居跡がある。その頃から、大国主の命に代表される豪族たちによって「葦原の中津国」が平定されていったのである。

米子市目久美町には、稲作技術が伝わった初期の遺跡がある。およそ2200年前のこの住居跡からは、弥生式文化初期の形態を示す遠賀川式土器や木器が出土。木器には、鉄の小刀で削られた跡がある。さらに、この地下深くから縄文時代の土器や石のおもりも発見された。東伯郡北条町（現・北栄町）北尾の遺跡は、目久美町のものよりかなり後代のものだが、多くの土師器が出土している。

鳥取県は、古くから伝統工芸が盛んなところでもある。八頭郡佐治（現・鳥取市）の因州紙や淀江（米子市）の和傘、鹿野（鳥取市）の団扇や人形を中心とした郷土玩具、能面など。鳳尾竹の竹細工は、倉吉市の特産であるが、倉吉は、鳥取県の陶器発祥の地ともいわれる。宝暦年間（1751〜64）からの伝統を継ぐ上神焼が特に有名である。鳥取のやきものは、全体として民芸的な陶器が多い。

主なやきもの

牛ノ戸焼

八頭郡川原町牛ノ戸で焼かれた陶器。窯場は、鳥取平野と中国山地とのちょうど境目辺りに開かれた。開窯は、文政年間（1818～30年）とも天保年間（1830～44年）ともいわれるが、石州（石見）から瓦師がやってきて瓦を焼いたのが始まりのようである。その瓦窯を、天保9（1838）年に那賀郡塩田村（現・江津市渡津町）の金河藤七が継いで陶器を焼き始めた。天保13（1842）年からは、藤七の下で働いていた江津村（現・江津市江津町）出身の小林梅五郎が窯を引き継いだ。さらに、梅五郎の子の熊三郎が受け継ぎ、石見出身者を中心に60人にも及ぶ職人を抱えて、明治期には最盛期を迎えた。

牛ノ戸焼には、日常雑器が多い。水甕・擂鉢・丼鉢・徳利などで、水甕や擂鉢には光沢ある褐色の鉄釉、丼鉢や徳利には黄み掛かった灰色の釉薬が主として使われており、石州の陶器に色合いが似ている。

特に、明治・大正期に多く焼かれたのが徳利であった。いわゆる貧乏徳利で、黄み掛かった灰色地に鉄釉で酒屋名などの書かれたものが多い。そして、これらは因幡一円はもとより、若狭（福井県）地方から北海道まで流通していた。

最近の牛ノ戸焼は、民芸品として広く知られる。湯呑茶碗やコーヒーカップ・紅茶碗などが焼かれている。

なお、牛ノ戸のすぐ隣の中井には中井焼という陶器窯がある。戦時中、牛ノ戸焼の指導でできた窯で、製品も技術も牛ノ戸流である。

因久山焼

牛ノ戸にほど近い郡家町久能寺（現・八頭郡八頭町）で焼かれた陶器。明和年間（1764～72年）に鳥取藩主池田侯が京都の陶工六兵衛を招いて開窯し、本格的な雅陶（茶器や花器）などが焼かれるようになった。

六兵衛に師事したのが、尾崎治良右衛門と芹沢家2代の亀五郎である。

『鳥取藩史』によれば、寛政7(1795)年に御国産方に就任した北村三之丞が、それまで個々に操業していた窯をまとめ、藩外から陶工を呼び寄せて生産に従事させてから品質が向上し生産額も増加した、という。

享和・文化年間(1801〜18年)には、近江の信楽から陶工の勘蔵・勘助親子が来て窯を築き、さらに窯場の整備が整ったといわれる。芹沢家は、後に藩主池田侯の御用を務め、因久山の窯名(因幡の「因」と久能寺の「久」を取って名付けられた)を賜り、製品に「因久山」と押印するようになった。

因久山焼は、幕末頃に最盛期を迎える。安政2(1855)年には全てが藩用扱いとなり、城内や江戸屋敷で使う茶碗を主とした御用品をつくった。芹沢家を除く窯は、早くに廃業したが、その伝統は、現代の製陶にも伝えられている。製品は、端正な高台を持ち、装飾が簡素で洒脱な趣のものが多い。茶入・茶碗・水指などの雅陶の他に、捏鉢・鉢・皿・徳利・油壺などの日常雑器もつくられている。

上神焼

倉吉市上神山周辺で焼かれたやきものの総称である。宝暦年間(1751〜64年)に肥前の陶工和三郎が窯を開き日常雑器を焼いたことに始まる、との説がある。だが、一般には、豪商山形屋兵三郎の子で茶人であった普佐山が、弘化年間(1844〜48年)に京都や播磨から陶工を招いて開窯した伯尾山窯を始まりとする説の方が根強い。主に茶陶を焼成し、明治維新頃まで操業した。伝世品には、白化粧の上に銹絵や呉須で花紋や雲龍文を描いた安南写しの茶碗や香合、水指などがある。出土品には、藁灰釉碗・ピラ掛けの把手茶碗・土瓶、行平、徳利、捏鉢、擂鉢などの雑器もみられる。

その後、明治29(1896)年(明治26〈1893〉年との説もある)に地元の医師前田要人が伯尾山窯の近くに亀玉山窯を開き、京都の陶工を招いて茶碗や鉢、盃、徳利、皿などを焼成した。それらには、銹絵の魚図・霊芝図や草花図などが描かれている。4〜5年後、隅利吉が窯を引き継いで、伯面山窯と称し、明治35(1902)年頃まで操業した。製品は亀玉山窯のものと似ているが、染付の磁器碗もわずかにみられる。

昭和初期には、伯面窯を継ぐかたちで竜王山窯、上神山窯などいくつかの窯があったが、いずれも短期間に終わった。昭和9 (1934) 年、石見出身の山根藤一が上神山窯を継いで、土灰釉の飯茶碗・湯呑茶碗・土瓶などを焼いた。戦後 (昭和20〈1945〉年以降) には、辰砂の茶碗などもつくっている。昭和23 (1948) 年に上神山窯から独立して不入岡に移った中森音吉の窯などと共に、現在これらを総じて上神焼と呼んでいる。

浦富焼

岩美郡岩美町浦富で焼かれた磁器。安政2 (1855) に開窯した民窯である。国産品保護政策によって奨励され、明治まで続いた。

通称「からつ山」と呼ばれる乳母懐の窯跡からは、皿・湯呑・徳利・燗徳利・香炉・火入などの磁器片が発掘されている。文様は松竹梅や野草、花鳥、山水など多種に及ぶ。また、呉須で竹笹文と松葉文を描き、梅花文を赤で、竜文を緑で上絵付した色絵小皿なども見られる。

Topics ●「おわかれ展示」という試み

北栄町にある「北栄みらい伝承館」は、平成2 (1990) 年に開館した。町内の古墳・遺跡からの出土品や民具、北栄町出身の陶芸家・伝統工芸士の作品など、収蔵品は約2200点ほどである。代表的なものが、陶芸家生田和孝のコレクション、伝統工芸士・加藤廉兵衛の土人形など。生田は、河井寛次郎や濱田庄司の下で陶芸を学んだ陶芸家であり、加藤は終戦後 (第2次大戦後) に鳥取県中部に伝わる土人形を再興した町の匠である。両者の作品は、第2展示室に常設されている。

平成29 (2018) 年に、増え過ぎた収蔵品の処分を前提とした「おわかれ展示」を行なった。希望者には譲り渡す、と告知したところ全国から応募が殺到。展示品の約8割が引き取られることになった、という。地方での収蔵館の今後を占う、新しい試みである。

Ⅳ

風景の文化編

地名由来

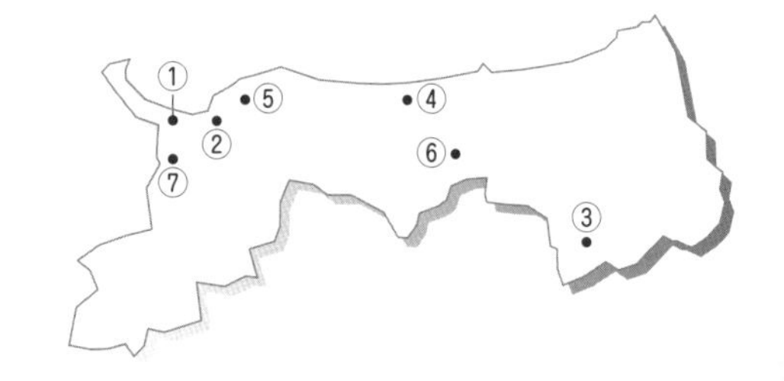

古代鳥取部の拠点

鳥取県は人口58万の全国でも最少の県であるが、この「鳥取」という由緒ある地名でその存在感を示している。「鳥取県」の県名は、「鳥取藩」改め「鳥取県」を踏襲したもので、それに対抗する勢力はなかった。米子も倉吉も近世においては鳥取藩の支藩のような存在だったからだ。

嘉永3年（1850）、鳥取藩は藩主として水戸の徳川斉昭の五男徳川慶徳（よしのり）を迎えることになった。水戸は何と言っても尊王攘夷運動のメッカであり、慶徳を迎えることによって鳥取藩も尊王攘夷の立場に追い込まれることになった。しかも、すぐ西に位置する長州も尊王攘夷のメッカであり、長州が尊王攘夷への協力を再三依頼するも、鳥取藩はついに頭を縦に振ることなく、戊辰戦争を迎えることになった。

鳥取藩は官軍側につき、奥州の戦争にまで駆りだされる羽目になるが、財政的にも大変な負担で、多くの藩士に不満を残す結果となった。

廃藩置県で誕生した「鳥取県」は5年ほど続くが、明治9年（1876）8月、突如消滅し、島根県に統合されてしまう。これは鳥取県民にとっては寝耳に水であったろう。鳥取藩は32万石の雄藩であったのに対して松江藩は18万石で、藩の存在感は鳥取藩のほうがずっと高かったと言ってよかった。

明治13年（1880）には鳥取新聞に「鳥取県再置願望書」が掲載されたが、そこにはこう主張されていた。

「鳥取県ノ廃セラレシヨリ五州ノ治権ハ松江ニ集リ、病院ノコトキ、学校ノコトキ、ソノ他社会ヲ奨励スヘキモノハ皆コレ松江ニ在リテ、鳥取ノ人智ハ日ニ萎靡（いび）ヲウナカスニ至テリ。三州ノ基軸ハ鳥取ニシテ、鳥取人ノ進歩ハ三州人ノ進歩ニオヨホシ、鳥取人ノ萎縮ハ三州人ノ萎靡ニ関ス」

つまり、島根県になって以来、重要なものは皆松江に移ってしまっているが、三州すなわち「因幡（いなば）」「伯耆（ほうき）」「隠岐（おき）」3国の中心は鳥取なんだというのである。その結果、翌14年（1881）9月、鳥取県は復活を遂げることになる。

鳥取県は、古代において「鳥取部」が住んでいたことにちなむ地名である。記紀伝承では、垂仁天皇の皇子に「本牟智和気御子（ほむちわけのみこ）」がいたが、御子は「マコトトワズ」、今風に言えば言語障害で話すことができなかったという。ところが、ある日、空高く舞う鵠（くぐい）（白鳥の古称）の声を聞いて声が出るようになった。

そこで、天皇は山辺の大鶙（おおたか）にこの鵠を捕えるように命じた。大鶙は木国（紀伊）に始まって針間（播磨）、稲葉（因幡）、旦波（丹波）、多遅麻（但馬）、淡海（近江）、三野（美濃）、尾張、科野（信濃）、高志（越）と訪ね歩き、ついに和那美（わなみ）でその鵠を捕えたという。ところが、御子はこの鵠を見ても話せるようにならなかったので、出雲大社に参拝に行かせたところ、ようやく話ができるようになったという話である。天皇はこれを喜んで、鳥取部（とりかいべ）・鳥飼部（とりかいべ）を定めたという。その本拠地がこの鳥取県だとすれば、この県名の重要さも理解できるであろう。

とっておきの地名

①皆生温泉（かいけおんせん）

皆生温泉は米子市と境港市を結ぶ細長い浜（弓ヶ浜とも夜見ヶ浜ともいう）の日野川の河口付近に位置している。この浜には東西を結ぶ間道があり、それを「海道（かいどう）」と呼んでいた。その辺り一帯には池が多く点在し、そこから「海池村（かいけ）」となったと言われている。

慶応3年（1867)、それまで「海池」「皆生」を両用していた地名を「皆生」に統一した。「海の池」というよりは「皆が生きていける」といった意味の「皆生」のほうが縁起がよいと判断したためであろう。

明治33年（1900)、偶然にも皆生海岸の浅瀬にお湯が湧き出ているのを漁師が発見し、ここから皆生温泉の歴史が始まった。きわめて新しい温泉ではあるが、海岸の浜に湧き出る温泉として全国でも珍しいケースである。

②孝霊山（こうれいさん）

大山の手前に聳える標高751メートルの山。「高麗山（こうらいさん）」「韓山（からやま）」「瓦山（からやま）」とも呼ばれる。その昔、韓の国の神が朝鮮半島から山の背比べのために韓山を運んできたが、雲間に聳える大山を見てびっくりして山を置いて帰ってしまったという伝承がある。

この話そのものは単なる伝承ではあるが、この地に多くの渡来人が住みついたのは事実であろう。明治22年（1889）から昭和30年（1955）まで、孝霊山北西部の10か村が合併して「高麗村（こうれいそん）」という自治体が存在していた。現在は大山町（だいせんちょう）の一部になっている。

③智頭（ちず）

地元の方にしかわからない笑話を1つ。鳥取市で行われた宴会の席でのことである。いきなり一升瓶を出されて「“ちず”の酒です」と言われた。見てみると、ビンの周りに「地図」らしき絵が描かれている。「どこの地図なの？」と訊くと「“ちずちょう”（地図帳）の酒ですよ」と言う。ますます混乱していると、“ちずちょう”というのは「地図帳」ではなく「智頭町」のことであると教えられた。出された酒は「満天星（まんてんせい）」であり、ラベルに貼ってある文字は達筆過ぎてまるで「地図」のように見える。

智頭町は総面積の9割以上が山林で占められた山の町である。もともと「智頭」は古代からの因幡国七郡の1つで、歴史ある地名である。「八上郡」と「智頭郡」が合併して「八頭郡（やずぐん）」となったが、「智頭」という由緒ある地名は町名として残された。「ち」は「道」の意味で、「ず」は「あたま・はじめ」の意味で、「因幡に入る最初の道」という意味になる。幕藩時代から因幡国に入る第一の宿であった。今でもそのことを地元の人々は誇りに思っているようだ。

④羽合（はわい）

かつて東伯郡にあった「羽合町（はわいちょう）」を指す。平成16年（2004）に同郡の「泊村」「東郷町（とうごうちょう）」と合併して「湯梨浜町（ゆりはまちょう）」となった。アメリカ合衆国の「ハワイ」と音が同じことから「日本のハワイ」と呼ばれた。

正嘉2年（1258）に描かれた「伯耆国河村郡東郷荘下地中分絵図」に羽合のルーツに当たる「伯井田」という地名が載っている。この絵図は高等学校の日本史の教科書に必ず載っているほど有名なもので、鎌倉時代に入って地頭による荘園支配が強化されるに従って、それまで荘園を支配していた本家・領家が地頭は地頭と現地を折半して半分ずつ支配する下地中分で支配権を残そうとしたものである。

「伯井田」の「伯」は「伯耆国」の「伯」であると考えられる。また、この地域は東郷池のほとりにあり、古代から田んぼが広がっていたことから「井田」と呼ばれていたのだろう。この「伯井田」が戦国期になって「羽合田」になり、それが後の「羽合町」になったと考えられている。

⑤御来屋

旧「名和町」にあった漁港。平成17年（2005）の合併によって、現在は「大山町」になっている。

後醍醐天皇（1288～1339）が討幕計画に失敗し、隠岐に流されたのは元弘2年（1332）のことだが、翌年には隠岐を脱出し、当地に上陸したため、男嶋崎という地名を「御来屋」と改称したという。その際、天皇を助けたのが、この地で海運業を営んでいた名和長年で、後醍醐天皇とともに戦い武士となったことで知られる。

⑥三徳山

東伯郡三朝町にある標高900メートルの山で、山の全域が三徳山三仏寺の境内になっている。三仏寺の投入堂は中腹の断崖に浮かぶように建つ姿で知られ、国宝に指定されている。伝承によると、このお堂は修験道の創始者の役小角が空中に投げ入れて作ったという。それがまことしやかに思えるほど美しい。平安時代に作られたというこの投入堂は、「懸造り」と呼ばれ、崖上のところに床をせり出して作られている。

三仏寺の名前は、阿弥陀如来、釈迦如来、大日如来をおさめてあるところからついたものという。修験道は古来の山岳宗教と密教が結びついたもので、役行者が3枚の花びらを落としたところ、その1枚がこの三徳山に舞い降りて、ここに修験道の道場が開かれたという。

「三徳山」の山名は「法身」（仏の本体）、「般若」（心理を認識し悟りを開くこと）、「解脱」（束縛から離れて自由になること）の3つの徳によるものだとも言われる。それにしても、この地域には「三朝」「三徳山」「三仏寺」と「三」のつく地名が多い。これも珍しいケースである。

⑦米子

かつては「加茂」と呼ばれる小さな漁村だったが、慶長7年（1602）に中村一忠が米子城を完成させ、伯耆17万5,000石の城下町を形成して栄えた。地名の由来は諸説あって定まらないが、こんな話がある。

昔、この地に住む88歳になる長者が毎日賀茂神社にお参りしていたところ、子どもを授かり子孫も栄えたという。そこで「八十八の子」の意味で「米子」と称するようになった…。

単なる伝承でしかないが、古人の縁起をかつぐ心根が見えて面白い。このような遊びもまた地名の楽しみである。実際は稲がよく実るという意味で「米生（よなおう）の里」あるいは「米（よね）の郷」と言ったというあたりの解釈が正しいのだろう。

難読地名の由来

a.「**越路**」（鳥取市）**b.**「**車尾**」（米子市）**c.**「**不入岡**」（倉吉市）**d.**「**見日**」（倉吉市）**e.**「**佐斐神**」（境港市）**f.**「**会下**」（鳥取市）**g.**「**屋堂羅**」（八頭郡若桜町）**h.**「**方面**」（東伯郡湯梨浜町）**i.**「**上安曇・下安曇**」（米子市）**j.**「**倭**」（西伯郡南部町）

【正解】

a.「こいじ」（昔からの交通の要地で、昔は「こえじ」と読んだというので、路を越えるの意味である）**b.**「くずも」（出雲街道の宿場で、その昔後醍醐天皇が当地に寄った際「尾車」と詠んだのを逆に「車尾」としたという。「くるまお」が「くずも」に転訛したもの）**c.**「ふにおか」（税を免除した岡と思われる）**d.**「みるか」（太陽信仰に関連するか）**e.**「さいのかみ」（道祖神（さえのかみ）に由来する）**f.**「えげ」（「会下」とは僧が修行することを意味し、その場所を指している）**g.**「やどら」（鬼ヶ城から放った矢がお堂に当たったという伝承がある）**h.**「かたも」（「潟の表」の転訛か）**i.**「かみあずま・しもあずま」（古代安曇族にちなむか）**j.**「やまと」（大国主命が活躍したことによるか）

商店街

水木しげるロード周辺商店街（境港市）

鳥取県の商店街の概観

鳥取県は人口が全国一少ない57.3万人（2015年）であり、市の数も全国最少の4市で、人口最大の県庁所在地鳥取市でも19.4万人に過ぎない。一般的には消費者人口が少ないと大きな商店街の形成は難しいはずであるが、鳥取市「智頭街道商店街」および「若桜街道商店街」、米子市「本通り商店街」および「元町商店街」、倉吉市「本町通商店街」は、近世の城下町や陣屋町の商人町を母体に成立したもので、中心商店街として発展してきた。これらの3市は県の東部・中部（東伯地域）・西部（西伯地域）にほぼ均等に位置しているため、独自の商圏を確保、維持してきたと言える。

近代では交通体系の変化により、一般に鉄道駅が中心商店街から離れた位置に立地したため、駅前に新たな商店街が形成されることが多い。山陰本線鳥取駅前の「本通り商店街」や旧倉吉線打吹駅前の「倉吉銀座商店街」はその例と言える。また、人口10万人を超える市の中心商店街には、核となるデパートが立地することが多いが、鳥取・米子ともに中心商店街の老舗店舗を母体とするものではなく、駅前など中心商店街からやや離れた位置に立地しているのが特徴的である。なお、倉吉には立地していない。もう1つの市である境港市の中心商店街は、ほかの3市と異なり、港町の機能をもとに成立しており、一時は隠岐諸島も商圏としたこともあるほどであった。

これらの地方都市でも住宅地が郊外へ拡大するようになり、自家用車を中心とした生活様式への移行が顕著となり、購買行動にも変化が見られるようになった。幹線道路沿いのロードサイドショップや郊外の大規模ショッピングセンターの立地は、中心商店街の空洞化を招き、いわゆるシャッター街化が進行することになった。そのなかで中心市街地活性化の

【注】この項目の内容は出典刊行時（2019年）のものです

ための諸策が講じられるようになり、鳥取市などでは空き店舗に若者向けの雑貨店や飲食店など新たな業態の店が入るようになったところもある。また、米子市や倉吉市のように、老朽化したアーケードを取り除き、明るい雰囲気の商店街に変える動きも出ている。

一方、新たな活性化策として、商店街に存在する観光資源を活用して、来客ターゲットを地元客から観光客に転換する商店街も現れてきた。境港市の「水木しげるロード」および倉吉市の赤瓦白壁の商家や倉庫群のある本町通りのように、地元消費者対象の買回り品から観光客対象の土産物店や飲食店を中心とした商店街に転換し、賑わいを取り戻しているところも出てきている。地方都市の商店街活性化の新たなモデルとして注目を集めている。

このほか、鳥取県には山陽地方を結ぶ街道に宿場町が形成され、若桜町、智頭町、日野町根雨は、近年まで地域の中心商業地として栄えた。鳥取市の南東部にある若桜町には、1885年の大火後に形成された蔵通りや道路端から土台を下げ、仮屋（ひさしの意）を付けた商家が立ち並ぶ「仮屋通り」があり、昭和レトロの商店街の趣に浸ることができる。また、因幡街道（智頭往来）に沿う智頭には国重要文化財の石谷家住宅や商家であった塩屋出店、出雲街道沿いの根雨にはたたら製鉄で財をなした近藤家住宅があり、酒造店や茶屋などとともに歴史と文化の風情を楽しむことができる。

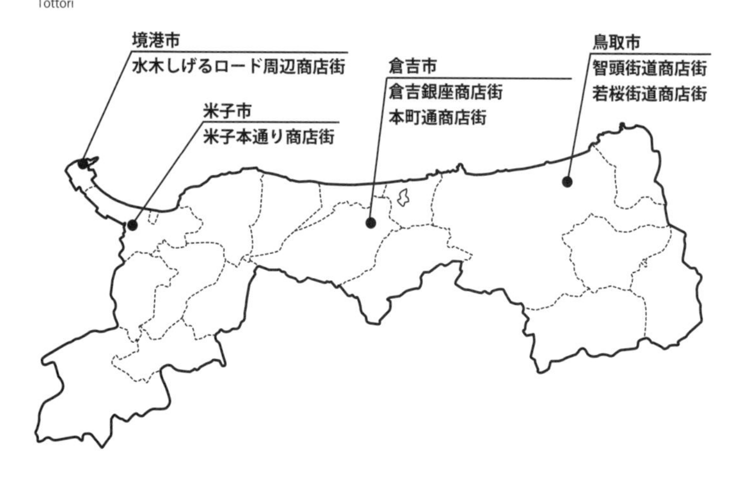

行ってみたい商店街

智頭街道商店街、若桜街道商店街（鳥取市）

―県都の中心商店街―

鳥取市の中心商店街の名称。鳥取は1617年に因幡・伯耆32万石の城主となった池田光政がつくった城下町で、外堀であった薬研堀と袋川との間に商人町が配置され、それが南北に伸びる現在の鹿野街道、智頭街道、若桜街道の商店街となった。江戸時代には西側の鹿野街道筋の茶町・元魚町付近に中心があったが、明治期になると道路整備が進み、車馬交通に便利な智頭街道筋に、さらに1896年の歩兵第40連隊が市街地の東部に設置されるとともに1912年の山陰本線開通で、鳥取駅から北の県庁を結ぶ若桜街道筋が商業機能の中心となっていった。

JR鳥取駅から駅前通りを北に約150m進むと本通り商店街に出る。この地区は駅に近く駐車場も多いため、衣料品店や飲食店が多い。2005年には複合施設「パレットとっとり」が建設され、2016年には新アーケードが完成している。さらに約300m進み袋川の橋を渡ると、歩道上にアーケードがある若桜街道商店街に至る。鳥取市役所まで約500m続く商店街は、2015年に経済産業省の「がんばる商店街30選」にも選ばれ、呉服店や洋装店など買回り品を扱う商店が連なっている。2012年には「食を通じた多世代交流拠点」として「こむ・わかさ」がオープンしている。

若桜街道筋の西側約250mには智頭街道商店街があり、現在は楽器や画材、高級茶・薬草茶などを取り扱う専門店が立地している。この2つの商店街の間には家具専門店が多い二階町商店街や、2014年にアーケードを撤去して若者向けの店舗が新規に開店するようになった川端商店街がある。

鳥取市街地にある大型店は、唯一の百貨店である鳥取大丸が鳥取駅前に立地している。これは、地元資本により1937年に開業した丸由（まるゆう）百貨店が、1949年に大丸（現・大丸松坂屋百貨店）と資本・業務提携したものである。また、1972年に本通り商店街にダイエー鳥取店（トポス鳥取店となり、1998年閉店）、1979年に高架化した鳥取駅にショッピングセンター「シャミネ」、1989年に鳥取駅南口側に「新日本海ショッピングタウン」（後の鳥取ショッピングシティ）やダイエー鳥取駅南店が開店（2001年撤退）した。ところが、2000年に鳥取中心部から北西約5kmにある晩稲（おくて）地区に郊外型大型ショッピングセンターのジャスコ（現・イオンモール鳥取北）

が開業して以来、中心商店街の空洞化が進行するようになった。これに対応して2013年には駅前に開閉式大屋根と芝生広場のバード・ハットを完成させ、若い人を集め商店街の賑わいを取り戻す試みがなされている。

倉吉銀座商店街、本町通商店街（倉吉市）

―観光で活性化した東伯の中心商店街―

鳥取県中部にある倉吉市の中心商店街の名称。中心商店街の1つである本町通商店街は歴史の古い八橋（やばせ）往来の一部で、江戸時代に侍屋敷と外堀である玉川の間に配置された商人町が母体となっている。この商店街は打吹（うつぶき）商店街とも呼ばれ、地元客を中心として栄え、西町・西仲町・東仲町には1963年にアーケードも架けられた。平成に入ると、商店街は郊外、および鳥取市や米子市に立地した大型店に客を奪われ、空き店舗が増加していった。このような状況下、文化庁から1998年に「倉吉市打吹玉川伝統的建造物群保存地区」に指定されたことを契機に、空き家となっていた蔵を商業施設に改修するなどまちづくり活動が行われるようになった。赤い石州瓦が葺かれた屋根と白い漆喰壁に黒の焼き杉板が醸し出す伝統美に、多くの観光客が訪れるようになり、衰退していた本町通商店街も観光客を対象とする土産物店、カフェや手打ちそばなどの飲食店が立地し賑わうようになった。2007年にはアーケードも撤去され、明るい商店街に変貌した。

2016年10月21日に発生した鳥取県中部地震（震度6弱）の震源付近であったため、白壁が剥がれるなど商家や民家に被害が出たが、商店街は機能を回復している。2017年現在、酒造店の蔵や醤油醸造場などを改装した赤瓦の蔵が14あり、醤油を使ったアイスクリームや飴を販売しており、酒造店では南総里見八犬伝にちなんだ地酒「八賢士」が購入できる。2001年には環境省から「酒と醤油のかおる倉吉白壁土蔵群」の名称で、「かおり風景100選」にも選ばれている。本町通りを西に進むと、1843年建造の主屋を持つ高田酒造が見えてくる。さらに進むと国登録有形文化財の豊田家住宅や倉吉市現存最

倉吉市本町通りの商家（裏手は白壁土蔵群）

古である1760年建築の町家建物「淀屋」に至る。

倉吉銀座商店街は、大正末期に旧倉吉駅前に建設された記念道路沿いの大正町・明治町などに新しく形成されたもので、第2次世界大戦後はバスターミナルもあり、本町通りを凌ぐ商店街となった。近年は郊外の大型店に客を奪われ、店舗数・販売額とも大きく減少している。毎年7月の土曜夜市では歩行者天国となり、往時の商店街の賑わいを偲ぶことができる。

米子本通り商店街（米子市）

―西伯の城下町の中心商店街―

米子市の中心商店街の名称。米子は城下町起源であるが、1632年に鳥取池田藩家老荒尾氏の預かる殿様不在の城下町となったので自由闊達な商人気質が形成されたとされる。その商人町を構成したのが、現在の本通り商店街や元町通り商店街である。JR米子駅から駅前通りを北西に300mほど行くと、右手に元町サンロードと呼ばれる元町商店街が見える。約300m続くこの商店街は、松江藩や広瀬藩の参勤交代にも使われた旧出雲街道に沿っており、入口には出雲街道の石碑がある。アーケードは2012年に撤去され、文字どおり陽が当たる商店街となっているが、空き店舗が多い。中央付近には元町パティオ広場があり、旧日の丸自動車法勝寺鉄道の車輌が保存展示されている。その先に旧山陰銀行本通り支店を改装したダラズ・クリエイト・ボックスがあり、観光案内所やコミュニティFM放送局が入っている。

ここで左折すると法勝寺町、紺屋町、四日市町、東倉吉町へと続く本通り商店街に出る。南端の法勝寺町には老舗の呉服店や陶器・仏具店が残るものの、2001年に振興組合は解散され、2009年にアーケードも撤去され、現在はほっしょうじ通りと呼ばれている。れんが敷きの通りの両側は植栽され、木々の鉢植えやベンチも置かれ、公園化した通りとなっている。通りの西側には倉庫を改装しカフェやオフィスが入る善五郎蔵がある。

北へ100mほど進むと、アーケードが残る本通り商店街となる。呉服店や洋装店など買回り品中心の店舗が現在も軒を連ね、中心商店街らしさが残っている。年に2～3回開催される戸板市では、往年の賑わいが見られる。国道9号線を渡ると、咲（わら）い地蔵にちなむ笑い通り商店街（西倉吉町・東倉吉町）が続いており、コミュニティスペースの笑い庵がある。

米子市街地にある大型店は、本通り商店街から約200m離れた角盤（かくばん）町に米子タカシマヤ、米子駅前にイオン米子駅前店（1990年に米子サティとして開業)、少し離れた西福原町に米子しんまち天満屋(米子大丸から1987年に営業譲渡され、米子駅前から移転)がある。これらの大型店と中心商店街はある程度共存共栄していたが、1999年に郊外東部の日吉津村に山陰地方最大規模のショッピングセンターである現・イオンモール日吉津が開業し、中心商店街に大きな打撃を与えることになった。現在、中心市街地活性化として、通りの公園化、まち歩きコースへの商店街の組込み、空き店舗の活用、高齢者住宅建設などの取組みがなされている。

水木しげるロード周辺商店街(境港市)

—魅力的な妖怪ワールドが楽しめる商店街—

水木しげるロード周辺商店街は、中小企業庁の「がんばる商店街77選」に選定された商店街で、本町・松ヶ枝町・西本町・新道元町の各商店街から構成されている。JR境港駅(愛称:鬼太郎駅)から東方にある2003年開館の「水木しげる記念館」に至る全長約800mの通りを「水木しげるロード」と呼び、多くの観光客で賑わっている。通りは幼少期を境港市で過ごした漫画家・水木しげるにちなんだ名称である。

この商店街は、1902年頃から境港駅より鳥取藩の砲台跡のお台場に至る道筋に店舗が立ち並ぶようになり、次第に本町・松ヶ枝・銀座・新道の4商店街に発展し、隠岐の島をも商圏に含む地域の商業中心として繁栄してきた。本町商店街はアーケードを備えるほどで、1975年頃までは地元住民を顧客とする呉服・婦人服・紳士服・履物などの買回り品はもとより、日用品を販売する店舗で賑わっていた。しかし、郊外型大型店舗の増加、商店主の高齢化などに伴い、次第に閉店する店舗が増加していった。

この状況を打開するための商店街活性化策の1つとして、1989年から「緑と文化のまちづくり」をテーマに人々に親しめる快適なまちづくりを進めることになり、「ゲゲゲの鬼太郎」や「妖怪」をモチーフとしたオブジェを商店街歩道に設置するユニークな「水木しげるロード」が実現されたものである。もっとも、当初は観光客を対象としたものではなく、地元消費者を商店街に引き込むのが目的であった。ところがマスコミ報道の効果もあり、今日では鳥取県内有数の観光スポットとなり、地域経済に大きな貢献をすることになった。また、本町商店街から「海とくらしの史料館」に至る全長約1,500mの道を「おさかなロード」と名づけ、18体の魚オブジェを設置し、少し先にある境港水産物直売センターへ観光客を誘導する取組みもなされている。

花風景

湯梨浜町の二十世紀ナシ

地域の特色

山陰地方に位置し、北は日本海に面し、南は中国山地によって山陽地方と隔てられている。名山の大山(だいせん)(1,711メートル)がそびえ、温泉も多い。古くは因幡(いなば)と伯耆(ほうき)の国からなり、近世には池田氏が鳥取城に入り、鳥取藩を治めた。中国山地からは千代川(せんだいがわ)、天神川(てんじんがわ)、日野川(ひのがわ)の河川が日本海に流れ、平野に鳥取、倉吉、米子の町を発展させ、海岸には砂浜と砂丘を形成した。山麓の二十世紀(にじっせいき)ナシや砂丘のスイカ、ラッキョウなどは独特の風景を生み出している。日本海側の暖温帯の気候である。

花風景は、近世の城郭跡や近代の公園のサクラ名所、寺院の花木、二十世紀ナシやラッキョウなどの特産品のなりわいの花が特徴的であるが、低層湿原のカキツバタ、観光地の花畑なども見られる。

県花はNHKなどによって選ばれたバラ科ナシ属の二十世紀ナシである。ナシの栽培品種で白い美しい花をつける。わが国には野生種のヤマナシなどが自生し、古くから食されてきたが、近世には多くの栽培品種が生まれた。後述するが、二十世紀ナシは19世紀末に千葉県で発見され、新時代のナシとして二十世紀と命名され、20世紀になり鳥取県で普及した。

主な花風景

久松公園(きゅうしょうこうえん)のサクラ　＊春、史跡、日本さくら名所100選

久松公園は、千代川(せんだいがわ)が形成した沖積(ちゅうせき)平野の縁にそびえ、鳥取市内のどこからでも望める久松山(きゅうしょうざん)の麓にある。鳥取藩32万石の居城として存続した鳥取城跡に開設された公園では、花期には久松山麓斜面の旧城内と、山裾の堀の両側のソメイヨシノが一斉に開花し、斜面一帯がサクラで包み込まれる。久松山山頂部には中世の城郭遺構があり、山麓の城跡は近世のものである。久松公園は1923(大正12)年に開設され、公園内に240本余りあ

凡例　＊：観賞最適季節、国立・国定公園、国指定の史跡・名勝・天然記念物、日本遺産、世界遺産・ラムサール条約登録湿地、日本さくら名所100選などを示した

るサクラは、城内のものはほとんどソメイヨシノで、堀端にはシダレザクラもみられる。

鳥取城のサクラは、1621（元和７）年頃に内堀の堀端にサクラが植えられ「桜の馬場」とも呼ばれたというが、その後枯死し、1907（明治40）年に皇太子の山陰行啓が行われた際、堀端に250本を植えたことで堀端のサクラの風景が整備された。城内のサクラは久松公園開設の頃に植樹され始め、24（大正13）年の皇太子ご成婚記念などを契機にヤマザクラ、ソメイヨシノが植樹されたという。その後、戦後、60（昭和35）年頃からソメイヨシノが数多く植えられ、春先に一斉に開花する現在の風景が形づくられている。

打吹公園のサクラ　＊春、日本さくら名所100選

打吹山は、鳥取県中部、天神川中流域の倉吉盆地の縁に位置し、山陰地方では珍しく全山が照葉樹に覆われる。山の北麓にある打吹公園では4,000本のソメイヨシノ、シダレザクラが咲き、数万本あるというツツジと共に、山陰の春に彩りを与えている。

打吹山は中世には山上に打吹城が置かれたが、江戸期に廃城し山麓に陣屋が設けられる。その後、1907（明治40）年の皇太子行啓を前にして、北麓に打吹公園が開設され、公園内に宿舎として飛龍閣が設けられた。66（昭和41）年には公園に多数のサクラが植栽され、サクラの名所となっている。04（明治37）年の打吹公園開設時に設けられた羽衣池の周辺では、水面と池に架かる橋、サクラの組合せが美しい。明治期の池であるが、その後、1980年代に打吹山の天女伝説と結びつけ、羽衣池の名が付けられ、現在は断ち切りたい過去の思いを記した紙を水に浮かべ流す、願いの場となっている。

住雲寺のフジ　＊夏

大山の北側山麓、海岸線から１キロほどのところに藤の寺として知られる住雲寺はある。５月には、境内を覆う藤棚に１メートルから1.5メートルの花が下がり紫に包まれる。

住雲寺は1334（建武元）年に建立されたと伝えられるが、その前年は、元弘の乱で隠岐に流されていた後醍醐天皇が島を脱出した年であり、上陸

したという名和湊はすぐ近くである。現在の建物は平成になって建て替えられたもの。住雲寺のフジは、六尺藤と呼ばれているが、フジの園芸品種ナガフジ系統の一種で、この系統は長い花房が風に揺れて咲く美しい姿から多くの品種がつくり出されている。六尺藤は古くから関東地方で培養されていたといい、ここのフジも埼玉県のものを譲り受けて植えられたものである。4本の大木が藤棚いっぱいに広がる。

とっとり花回廊のサルビア　＊夏・秋

鳥取県最西部を流れる日野川中流域に広がる越敷野台地にある公園。大山の姿を借景した1ヘクタールの花の丘では、初夏にはブルーサルビアが青く、秋にはレッドサルビアが赤く一面を彩る。

とっとり花回廊は、鳥取県が観光振興と花き園芸振興の拠点として整備し1999（平成11）年に開園した。面積約50ヘクタールに及ぶ公園の中心に直径50メートル、高さ21メートルのガラス温室であるフラワードームを置き、それを全長1キロの円形の展望回廊が取りまく。里山の地形にできるだけ手を入れずに水平に設置された回廊を進むと、時にトンネルになり、高い橋脚で沢を渡り、高木の梢の中に入っていく。園内にササユリが多く自生していることや全国的に野生ユリが減少していることから、遺伝資源の保全の観点から、公園のメインフラワーをユリとしている。日本原産の15種をはじめ世界の原種も多く集め、ユリの植栽展示に力を入れているほか、園内に配置されたさまざまな花壇では四季折々の花が見られる。

湯梨浜町の二十世紀ナシ　＊春

鳥取県中央部、日本海の入江が堰き止められた海跡湖である東郷池の周囲、なだらかな斜面を二十世紀ナシの白い花が覆う。春、サクラが終わった頃に広がる梨の産地ならではの風景。

元禄時代に鳥取藩が農家の副業として果樹栽培を奨励したとされ、果樹栽培の歴史は長い。二十世紀ナシは1888（明治21）年に千葉県で発見、苦労して育成され、「新太白」という名で高い評価を受けた。二十世紀という品種名が付けられたのは1904（同37）年末か05（同38）年初めとみられるが、04（同37）年の春には鳥取県の篤農家が10本の苗木を県内に導入し、鳥取県内にナシ栽培が次第に広がっていく。二十世紀ナシが特に被害を受けやすい黒斑病により、栽培をあきらめる農家が増え危機的な状況になるが、防除方法が確立し、産地として安定する。

旧東郷町は、排水の良い花崗岩系の土質の傾斜地であること、気候が温暖であること、台風が少なく収穫が安定していることなどから、ナシの適地として1950年代以降急速に栽培が拡大した。鳥取県のナシは、1980年頃には3,500ヘクタールを超えた栽培面積が、2015（平成27）年には５分の１ほどに減少するなか、湯梨浜町では「東郷梨」のブランドにより、減少傾向は２分の１程度でとどまっている。15（同27）年時点で、二十世紀ナシの栽培面積は全国的には10％を切っているが、鳥取県では65％と圧倒的に多い。中でも湯梨浜町は二十世紀梨を大切にする条例を制定し、生産者、町民、関係者が連携し、地域の特産を維持しようとしている。品質の良い梨の生産に水はけの良い傾斜地が好まれた時期もあったが、高齢化の中で傾斜地の栽培地から減少している現状で、作業負担を軽減する努力も求められている。

福部砂丘のラッキョウ　＊秋、山陰海岸国立公園

中国山地の花崗岩が砂となり千代川に運ばれ、北西の季節風に打ち寄せられ、河口の東西に砂丘が形成される。福部砂丘は秋になると、うねうねとした砂地の畑を、薄い赤紫色の花がカーペットのように覆う。120ヘクタールあるというラッキョウ畑。防砂林の濃緑と眼下に広がる日本海の青と相まって、この地の代表的な秋の風景をつくり上げている。

ラッキョウは中国原産で、日本には平安時代に薬用植物として伝えられ、19世紀初頭の農業全書で野菜として栽培方法も紹介されている。千代川河口に広がる砂丘は、東西15キロに及び、東から福部砂丘、浜坂砂丘、湖山砂丘に大きく分けられる。現在鳥取砂丘と呼ばれている場所は浜坂砂丘の一部が1955（昭和30）年に天然記念物に指定され、また、国定公園に指定され、観光化が進んだ個所である。西側の湖山砂丘は早くから畑地として利用され、住宅地、鳥取空港用地となっている。そして起伏に富んだ東の福部砂丘は、ラッキョウ畑に特化した利用が進められた。この地でのラッキョウ栽培は14（大正３）年に石川県から球根を取り寄せたことから始まる。砂丘地は病虫害も少なくラッキョウ栽培に適しており、大正期には県外への出荷が始まり、栽培が広がっていく。しかし、人力作業は非常

な重労働が伴うことから、65（昭和40）年度からの構造改善事業により、農道、圃場の整備、農地造成が進み、170ヘクタールの圃場が確保され、作業効率が格段に向上した。現在、作付面積は120ヘクタールとなっているが、販売価格の低迷、生産者の高齢化の問題は避けられない。省力化、安定生産といった課題と取り組みながら、砂丘の風景が維持されていく。

唐川（からかわ）のカキツバタ　＊春、天然記念物

唐川湿原（からかわしつげん）は、鳥取県の東部、岩美町（いわみちょう）内にあるが、鳥取市福部町（とっとりしふくべまち）を流下する塩見川（しおみがわ）の最上流部に位置し、標高370メートルほどの位置にある。5月下旬からはカキツバタの花で湿原が紫色に埋まる。カキツバタ群落は、江戸時代から観賞地として知られていたという。1944（昭和19）年、国の天然記念物に指定されるとともに、88（同53）年、鳥取県の自然環境保全地域に指定され、保全されている。

カキツバタ群落のある湿原部分は、東西75メートル、南北130メートル、面積0.6ヘクタールほどと規模は大きくないが、湿原堆積物（たいせきぶつ）による泥炭層（でいたんそう）が見られることが珍しい。唐川湿原のすぐ上流には、ハッチョウトンボの生息地として知られる大沢池（おおさわいけ）があるが、この池は灌漑用（かんがいよう）のため池として1873（明治6）年に完成したもの。それ以後は、ため池からの落とし水と、ため池から唐川集落への灌漑用水路からの漏出水（ろうしゅつすい）によって湿原は維持されている。湿原には流水地から滞水地（たいすいち）まで多様な水環境があることから、生育する植物の種類も多く、100種類以上を数える。春にはサワオグルマ、トキソウ、初夏から夏にはカキツバタの他、オオバギボウシ、コオニユリ、秋にはサワギキョウが湿原に花を咲かせる。

現在、湿原の西側と南東側の尾根上には湿原と大沢池を囲むようにゴルフ場のコースが開設されている。湿原の水源は、大沢池とゴルフ場の沈殿池（ちんでんち）となっており、結果として定常的な水量が供給されており、大きな植生の変化はみられていない。また、水量のコントロールのために、老朽化した灌漑用水路の更新が行われるなど、湿原の環境維持を目的とした事業も行われ、微妙な水環境の上に成り立っている湿原植物群落の保全への配慮がなされている。

公園／庭園

国立公園鳥取砂丘

地域の特色

鳥取県は中国地方の北東部山陰側に位置し、日本海に面している。南部の岡山県境をなす中国山地には那岐山、上蒜山などの1,200m級の山々が並び、脊梁部となって山陰と山陽を分けている。山麓部には急流や瀑布をつくり、石霞渓、小鹿渓、三滝渓などの景勝地がある。西日本火山帯の旧白山火山帯（大山火山帯ともいう）に属し、西部には名山の大山がそびえ、三朝温泉などの温泉地も多い。中国山地からは千代川、天神川、日野川の主要河川が日本海に流れ、河口の平野に鳥取、倉吉、米子の町を発展させるとともに、山地の花崗岩を運んで、海岸に白い砂浜と砂丘を形成した。砂丘の内側には海から分断された湖山池などの潟湖群が並び、ヨシの湿原なども生みだした。東部の山地が海に迫る海岸はリアス海岸で岬と入江が変化をつくり、海食崖や岩礁も多い。入江は白砂青松や長汀曲浦の名にふさわしい湾曲した長い白浜をつくっている。

古くは東部の因幡と西部の伯耆の国からなり、『古事記』に出てくる因幡の白兎の神話は有名であり、今も白兎海岸の地名がある。近世には池田氏が鳥取城に入り、鳥取藩を治めた。鳥取県は冬の北西季節風が厳しく、降雪もあるが、夏は明るくて海は透きとおり、夜半の沖合に光るシロイカ漁の漁り火が美しい。山麓の二十世紀ナシや海岸砂丘のスイカ、ラッキョウなどの農業も独特の風景を生みだしている。中海は、島根県にまたがり、斐伊川が流れこむ宍道湖の下流にあり、境水道を通じて日本海につながっている。中海は干拓と淡水化が進められたが、環境問題などから工事は中止された。淡水と海水が混じる汽水湖であり、魚介類が豊富で渡り鳥の飛来地となっており、ラムサール条約湿地に登録されている。

自然公園は大山と山陰海岸の国立公園を主として、都市公園は桜の名所、城郭、水鳥の公園が特徴的であり、庭園は近世の池田氏ゆかりの寺院庭園がある。

凡例　自 自然公園、都 都市公園・国民公園、庭 庭園

主な公園・庭園

自 大山隠岐国立公園大山　＊特別天然記念物、日本百名山

大山（1,729m）は中国地方最高峰の古くからの山岳信仰の名山であり、今も名刹大山寺とその門前町が賑わっている。山麓には西日本屈指のブナ林が広がり、山頂には特別天然記念物のダイセンキャラボクという独特の低木が一面を覆い、木道が整備されている。尾根伝いは両側が崖となる馬の背となっている。一般の登山やスキー場として親しまれているが、1985（昭和60）年から「一木一石運動」という自然保護運動が進められている。登山者の過剰利用により、山頂の草原が裸地化したため、登山者が一つの石を運び、裸地の浸食を防ぎ、一本の木を植えていこうというものである。他の多くの山岳も登山道や休憩地の裸地化・浸食が深刻である。

大山は伯耆富士と呼ばれるように富士山型の整った形を示している。しかし、これは出雲地方などの西側から見るときだけで、他の角度からは鋭い岩峰が連なるアルプス型の稜線を見せる。江戸後期の谷文晁の『日本名山図会』（1812）はこの峻険な峰々を細かく描いているが、歌川広重の『六十余州名所図会』（1853～56）は整った単独峰を描いている。古くから信仰の地として賑わっていたことから、江戸前期の大淀三千風は紀行文『日本行脚文集』（1689～90）で、寺院の本堂や塔頭が美しく高く40余りそびえ、繁栄していることを紹介し、おごそかな寺院風景を褒めたたえている。

自 山陰海岸国立公園浦富海岸　＊世界ジオパーク、名勝、天然記念物

浦富海岸はリアス海岸で花崗岩の海食崖、海食洞、岩礁からなり、山陰海岸国立公園の白眉である。海水は透明で藻場も多く、従来より海域公園地区に指定されている。岩礁には盆栽のようなマツが生え、きわめて日本的な風景を展開し、山陰松島と呼ばれている。江戸時代、鳥取藩主の池田綱清公がここで舟遊びをし、洞門をもつ岩礁とそこに生える見事なマツに感銘し、これを城の庭園に移設したら、報償金として千貫を与えようと言った逸話が残っている。その後、その岩礁を千貫松島と呼んでいる。

文豪島崎藤村も次男とともに、1927（昭和2）年、兵庫県の城崎から鳥取

県を経て、島根県の津和野まで旅をし、その紀行文を『山陰土産』として大阪朝日新聞に連載する。このとき、舟から見る浦富海岸に感嘆するが、松島は岸から離れた島々であるのに対し、浦富は岸に寄りそう島々であり、「松島は松島、浦富は浦富だ」と異なる風景であることを冷静に分析している。特に羽尾岬先端の龍神洞の洞窟に心をひかれたようだが、龍神洞は断崖の海面にぽっかりと開く二つの洞窟で、イワツバメが飛びかい、藍色の水をたたえ、神秘的で無気味でさえある。藤村らも小舟で少し入ったようだが、早く逃げて帰りたいと素直に心情を吐露している。

自 山陰海岸国立公園鳥取砂丘　＊世界ジオパーク、天然記念物

砂丘は、山から川を経て運ばれた砂が、海岸に打ちあげられ、強風によって内陸へと運ばれてできる地形である。各地にあるが、一般的には帯状のものが多く、多くはクロマツの防砂林・飛砂防備保安林によって背後の農地・宅地が守られている。鳥取砂丘は千代川河口に日本海の冬の季節風によって広くできた砂丘の一部であるが、奥行きがあり、高低差が大きく、すり鉢の窪地やバルハンと呼ばれる平面上三日月型の形が見られ、砂漠を想起させることが大きな特徴である。美しい風紋も形成するが、観光客の進入や落書きによって砂の表面は乱れることが多い。

1980（昭和55）年代頃から、山地のダム建設や河川浚渫などによる砂の供給量の減少から、雑草がはびこるという砂丘景観の危機に見舞われ、雑草の除去を図りつつ、砂の通りをよくするため保安林の伐採が慎重に行われたりした。保安林は砂との闘いで先人が苦労して植林し、スイカやラッキョウなどの農業を可能にしてきたが、観光の景観維持のために苦渋の決断をしたわけである。鳥取砂丘の名を広めたのは文豪有島武郎の1923（大正12）年来訪時の和歌だと伝えられている。鳥取砂丘を舞台にした推理小説は数多い。

都 打吹公園　＊日本の都市公園100選

鳥取県の中央に位置する倉吉市は、人口5万人弱の地方都市である。古代より伯耆地方の中心として栄え、国府・国分寺・国分尼寺が置かれていた。中世に入ると、倉吉にも山城が築かれる。市の中心部に標高約204 mのこんもりとした打吹山があるが、ここに打吹城が築かれ、室町期には山名氏

支配の下、山麓に市が立ち、倉吉市の原型が生まれた。その後近世から近代にかけて、この地方の中心都市倉吉は、打吹山麓を核として発展していった。1904（明治37）年、当時皇太子であった大正天皇の山陰行啓が行われた。これにあわせて、現在登録有形文化財となっている皇太子宿泊施設の飛龍(ひりゅう)閣(かく)が建てられ、山麓を整備し、ここに打吹公園が誕生したのである。戦後、1951（昭和26）年から52年にかけての都市計画・事業決定により、打吹公園では用地買収などが重ねられ、1961（昭和36）年に動物舎、65（昭和40）年に公園遊歩道、66（昭和41）年に桜とツツジの植樹など、市民に愛される公園として発展してきた。また「日本の都市公園100選」「桜の名所100選」に選ばれるなど、全国的にも高い評価を得ている。現在、園内には博物館、児童遊園地、各種スポーツ施設などが建設され、また飛龍閣は市民が気軽に利用できる集会・研修施設として活用されている。

「打吹山は倉吉のシンボルである」、倉吉市の郷土資料や観光案内を渉(しょう)猟(りょう)するとき、こうした表現に出会うことが多い。倉吉に生まれ育った幾世代にもわたる人々、そうした人々の故郷への思いは、形をもたず、時の流れの中で消えていく。シンボルとは、無形の思念や心情に、形が与えられたときに生みだされる。打吹山を中心とした本公園は、倉吉にまつわる人々の思いの結晶である。子どもからお年寄りまで、森林浴に誘われる。本公園を中心に毎年開催される春まつりでは、来年も再来年も山陰随一の壮観を誇るサクラ・ツツジが咲き乱れる。この公園をつくり、維持しているのは、故郷への思いを、時の流れを超えて持続させようとする意志である。地域の人々の強固な意志とともに、倉吉の中心であり続けた場所が、公園として揺ぎない町のシンボルになっている。

都 久松公園(きゅうしょう) ＊史跡、重要文化財

鳥取市街地の東方、県庁や裁判所の背後に標高263mの久松山(きゅうしょうざん)がある。この自然地形を利用して室町後期に山城が築かれ、江戸期には鳥取藩32万5千石池田氏の居城となった。近代に至り、各地でみられたように、城址が公園として整備開放され、ここに久松公園が誕生した。明治末、鳥取県の委嘱(いしょく)を受け公園設計を担当した長岡安平(ながおかやすへい)は、老樹が森林を形づくり、清水の湧出が浄池をなし、丘頂から市街地を一望する天然の地勢が、おのずから公園を成り立たせると評している。1944（昭和19）年旧鳥取藩主池田

家から改めて79haの寄付を受け、59（昭和34）年より城址公園としての本格的な整備が進められていった。公園内には、中国地方を代表する明治の洋館として名高い重要文化財指定の仁風閣（じんぷうかく）が建ち、館内には鳥取藩と池田家に関する資料が展示されている。また県立博物館も公園に隣接しており、この地は歴史・文化と自然が溶け合う景勝地として、市民・観光客に愛されている。白鳥が憩う堀、幾段にも重なる石垣、それらを覆いながら咲く桜、歴史の香り、こうした公園が市街地に接して存在することの意義は大きい。

都 米子水鳥公園（よなごみずどり） ＊ラムサール条約湿地

「特に水鳥の生息地として国際的に重要な湿地に関する条約」は、ラムサール条約の正式名称である。現在、日本で50の条約湿地が存在するが、米子水鳥公園を含む中海（なかうみ）もまた2005（平成17）年に登録されている。高度経済成長期、この地も大規模な干拓事業が行われたが、その干拓地に水鳥が集住したとき、米子（よなご）市は約30haの干拓地を整備し、1995（平成7）年、水鳥観察と環境教育の場として都市公園を開園した。雄大な伯耆大山（ほうきだいせん）を背景に無数のコハクチョウが舞い降りる夕暮れ時、その圧倒される風景は、単に視覚に与えられるものではない。この地は環境庁による「残したい日本の音風景100選」に選ばれている。山陰屈指の野鳥の生息風景を五感で享受できる、稀有（けう）な都市公園である。

庭 観音院庭園（かんのんいん） ＊名勝

観音院の創建は1632（寛永（かんえい）9）年で、当初は観音寺といったが、49（慶安（けいあん）2）年に現在地（鳥取市上町（うえまち））に移されて、観音院と改称された。庫裏（くり）奥の書院からは、前面東側に大きく広がる園池を眺めることができる。園池の背後の傾斜地には芝生が張られていて、明るい感じの築山（つきやま）風になっている。北東側にある中島の背後には、山からの水が流れ込んでいる滝組がある。ゆっくりくつろげる庭園だが、縁側（えんがわ）から庭園に降りることもできる。作庭年代については、1700年前後（元禄（げんろく）末期）説と19世紀前半（江戸後期）説とがある。

地域の特性

鳥取県は、県の面積では全国41位であるが、人口は58万人で最下位の47位である。日本海に臨む東西に長い県であるが、東半分は鳥取市を中心とした因幡地方、西半分は米子市を核にまとまっている伯耆地方に分かれている。鳥取砂丘は広がりをみせ、観光利用だけではなく、二十世紀ナシやスイカの生産が多く、特に福部砂丘では一面にラッキョウが栽培されており磨きラッキョウとして生産力を高めた。また、県北西端の境港は、日本屈指の水揚げ量を誇る漁港として知られる。

◆旧国名：因幡、伯耆　県花：ニジッセイキナシ　県鳥：オシドリ

温泉地の特色

県内には宿泊施設のある温泉地は18カ所あり、源泉総数は368カ所で、42℃以上の高温泉が多く67％を占めている。湧出量は毎分２万ℓで全国35位であり、年間延べ宿泊客数は118万人を数え、全国31位である。宿泊客数が多い温泉地は皆生の46万人と三朝の36万人が突出している。国民保養温泉地は鹿野・吉岡、関金、岩井の３地区が指定されており、関金温泉では地域住民を対象とした温泉利用による健康づくりも行われている。

主な温泉地

①皆生（かいけ）

46万人、48位
塩化物泉

県北西部、米子平野の一角を占め、美保湾に面した山陰を代表する鳥取県随一の温泉地である。地元では温泉の起源は安土桃山時代に遡るというが、詳細は不明である。明治初年、海岸から200ｍほど沖合の水深十数ｍの海中に泡が出ているのを漁師が発見し、これを泡の湯とよんでいた。1900（明治33）年、福生（ふっさ）村の漁民が海岸の浅瀬で温泉を発見したが、こ

れは日野川から流出した土砂で海岸が前進し、30年近くを経て泡の湯が地上に姿を現したものといわれる。福生村村長は清酒5升でこの温泉の権利を得たといい、当初は露天の砂湯とし、後に鉄管を引いて温泉をポンプアップして村営浴場を開設した。明治末期に米子の住民が源泉から50mほど離れた土地に温泉を引いて小屋を建てたが冬の荒波で維持できず、村当局との交渉で10年間の温泉権利を経て新たに源泉を掘削し、温泉宿の経営を始めた。しかし、源泉の維持は困難を極め、このときに山陰線建設で財を成した県会議員が温泉郷開発に乗り出し、さらに経営者の交代を経て今日の基礎を築いた。

そのプランは①温泉源の確保と集中管理、②土地買収と温泉都市計画、③米子町、米子駅との連絡交通路の整備からなる総合温泉地域開発であり、大正末期には旅館15軒、料亭9軒、商店15軒、別荘など21軒と遊園施設などからなる計画的な温泉市街が白砂青松の地に形成された。現在、温泉は42℃以上の高温泉が毎分5,700ℓも湧出するほどに温泉資源に恵まれており、その給湯システムが集中管理されていて、安定した温泉利用のもとに観光温泉地として発展している。

交通：JR山陰本線米子駅、バス20分

②三朝（みささ）

36万人、63位

放射能泉

県中央部、三朝川に沿って山陰の有力な温泉地である三朝温泉が形成されている。世界屈指のラジウム含有の放射能泉として知られ、国立温泉療養所や岡山大学医学部三朝分院なども早くから設置されたが、観光温泉地としての地域を挙げての取り組みも進めてきた。

温泉発見伝説に、二条天皇の1164（長寛2）年に源義朝の家臣大久保左馬之介が三徳山に参詣した折に白狼に会い、故意に矢を射損じて助けたところ、夢枕に妙見菩薩が現れて「白狼に会った場所の楠木の株に霊湯があるので、人々の病苦を救うように」とのお告げがあったという。これが三朝温泉発祥の温泉であり、「株湯」と名づけられて今日に及んでいる。江戸時代に入って湯村に新しい温泉が発見されて温泉場が形成され、1912（明治45）年の山陰線全通と1916（大正5）年の世界一の高温のラジウム泉発見によって著しい発展を遂げた。村営の三朝ラジウム温泉療養所が設立されるほどであった。

第2次世界大戦後、新しい三朝川北岸山田地区の温泉集中管理事業が実施され、温泉配湯が可能となって温泉地域が拡大した。また、国民保養温泉地指定を解除し、観光温泉地づくりの一環として外来資本のゴルフ場も開設された。その後、温泉観光客の志向性が変わり、1989（平成元）年から4年計画で7億3,000万円の事業費をかけ、三朝町当局や観光団体が一体となって第3セクター方式のもとに多目的広場、物産館、織物工房からなる「ふれあい体験村」、休憩所、管理棟、散策路を造った。その2年後には隣接地に2億円をかけて植物園バオバブを開設した。

一方、こうした施設づくりとは異なった温泉地活性化が求められる時代となり、歴史的な温泉場の復活のために、1993（平成5）年から「湯の街ギャラリー」事業を始めた。まず、空き店舗を利用して花祭りの際の伝統的大綱引きの資料を展示した陣所の館、三朝川に生息する河鹿蛙に因むカエル人形館、当地を訪れた文人を紹介した伝説の館などを整備し、さらに各店舗が店の一角に切り絵、古美術品などの展示をした。また、冬場を除く毎週日曜日に開催される温泉広場での朝市も、地元の農民と観光客との交流の場を提供している。現在、三朝温泉では岡山大学医療センターと三朝病院（前国立温泉病院）の温泉医療機関の支援をもとに、温泉と地域医療の連携を進めており、また旅館の入浴指導員（ラジウムリエ）が相談役を務めている。

交通：JR山陰本線倉吉駅、バス20分

③鹿野（しかの）・吉岡（よしおか）

国民保養温泉地
単純温泉

県中央部、鳥取市の鹿野温泉と吉岡温泉は、1966（昭和41）年に国民保養温泉地に指定された。鹿野温泉は戦国大名亀井氏の居城の雰囲気を残し、落ち着いた町屋の風情も各所にみられる。城址公園は桜の名所であり、体験施設のそば道場もある。吉岡温泉は1000年ほど前に薬師如来のお告げで発見されたといわれる。江戸時代には藩主池田氏の湯治場として保護され、現在でもひなびた雰囲気が漂う。ホタルの里として知られ、6月には源氏ボタルの乱舞がみられる。

交通：JR山陰本線浜村駅、バス15分（鹿野）、JR山陰本線鳥取駅、バス30分（吉岡）

④関金（せきがね）
国民保養温泉地
放射能泉

県中部、中国山地の大山（だいせん）の山麓にあるこの温泉は、756（天平勝宝）年に僧行基が発見し、後に弘法大師が再興したという伝説がある。微量のラジウム放射線効果で免疫力や自然治癒力を増すといわれ、1970（昭和45）年に国民保養温泉地に指定された。閑静な温泉場が形成されており、共同浴場の関の湯を中心にし、国の重要文化財である地蔵院の境内には大小のお地蔵さんが数多く奉納されており、心が和む。1994（平成6）年、近くに新たに打たせ湯、泡湯、寝湯、サウナなどを配した大規模で温泉保養、健康づくりを視野に入れた日帰り温泉施設「湯命館」がオープンし、自炊施設もある「湯楽里」も整備されている。無色透明、無味無臭の温泉は、「白金の湯」とよばれるほどにきれいで、入浴客に喜ばれている。

交通：JR 山陰本線倉吉駅、バス35分

⑤岩井（いわい）
国民保養温泉地
硫酸塩泉

県北東端、蒲生（がもう）川に沿って温泉場が形成され、1973（昭和48）年に国民保養温泉地に指定された。蒲生川の清流に沿った落ち着いた温泉地で、山陰最古の歴史があるともいわれる。岩井温泉では、手ぬぐいをかぶって、湯かむり唄を唄いながら柄杓で温泉をかける風習があり、ユニークである。温泉街を流れる川には錦鯉が泳ぎ、和風の共同浴場「ゆかむり温泉」が新設されて、落ち着いた雰囲気を醸成している。近くに山陰海岸国立公園の浦富海岸があり、日本海の荒波で浸食された海食崖が続き、洞門が形成されて海岸の景観美をつくり上げている。

交通：JR 山陰本線岩美駅、バス8分

執筆者 / 出典一覧

※参考参照文献は紙面の都合上割愛
しましたので各出典をご覧ください

I　歴史の文化編

【遺　跡】　**石神裕之**　（京都芸術大学歴史遺産学科教授）『47都道府県・遺跡百科』(2018)

【国宝 / 重要文化財】　**森本和男**　（歴史家）『47都道府県・国宝 / 重要文化財百科』(2018)

【城　郭】　**西ヶ谷恭弘**　（日本城郭史学会代表）『47都道府県・城郭百科』(2022)

【戦国大名】　**森岡 浩**　（姓氏研究家）『47都道府県・戦国大名百科』(2023)

【名門 / 名家】　**森岡 浩**　（姓氏研究家）『47都道府県・名門 / 名家百科』(2020)

【博物館】　**草刈清人**　（ミュージアム・フリーター）・**可児光生**　（美濃加茂市民ミュージアム館長）・**坂本 昇**　（伊丹市昆虫館館長）・**髙田浩二**　（元海の中道海洋生態科学館館長）『47都道府県・博物館百科』(2022)

【名　字】　**森岡 浩**　（姓氏研究家）『47都道府県・名字百科』(2019)

II　食の文化編

【米 / 雑穀】　**井上 繁**　（日本経済新聞社社友）『47都道府県・米 / 雑穀百科』(2017)

【こなもの】　**成瀬宇平**　（鎌倉女子大学名誉教授）『47都道府県・こなもの食文化百科』(2012)

【くだもの】　**井上 繁**　（日本経済新聞社社友）『47都道府県・くだもの百科』(2017)

【魚　食】　**成瀬宇平**　（鎌倉女子大学名誉教授）『47都道府県・魚食文化百科』(2011)

【肉　食】　**成瀬宇平**　（鎌倉女子大学名誉教授）・**横山次郎**　（日本農産工業株式会社）『47都道府県・肉食文化百科』(2015)

【地　鶏】　**成瀬宇平**　（鎌倉女子大学名誉教授）・**横山次郎**　（日本農産工業株式会社）『47都道府県・地鶏百科』(2014)

【汁　物】　**野﨑洋光**　（元「分とく山」総料理長）・**成瀬宇平**　（鎌倉女子大学名誉教授）『47都道府県・汁物百科』(2015)

【伝統調味料】　**成瀬宇平**　（鎌倉女子大学名誉教授）『47都道府県・伝統調味料百科』(2013)

【発　酵】　**北本勝ひこ**　（日本薬科大学特任教授）『47都道府県・発酵文化百科』(2021)

【和菓子 / 郷土菓子】 **亀井千歩子** (日本地域文化研究所代表)『47都道府県・和菓子 / 郷土菓子百科』(2016)

【乾物 / 干物】 **星名桂治** (日本かんぶつ協会シニアアドバイザー)『47都道府県・乾物 / 干物百科』(2017)

Ⅲ 営みの文化編

【伝統行事】 **神崎宣武** (民俗学者)『47都道府県・伝統行事百科』(2012)

【寺社信仰】 **中山和久** (人間総合科学大学人間科学部教授)『47都道府県・寺社信仰百科』(2017)

【伝統工芸】 **関根由子・指田京子・佐々木千雅子** (和くらし・くらぶ)『47都道府県・伝統工芸百科』(2021)

【民　話】 **山東正昭** (國學院大學伝承文化学会会員) / 花部英雄・小堀光夫編『47都道府県・民話百科』(2019)

【妖怪伝承】 **福代 宏** (鳥取県立博物館主幹学芸員) / 飯倉義之・香川雅信編、常光 徹・小松和彦監修『47都道府県・妖怪伝承百科』(2017) イラスト©東雲騎人

【高校野球】 **森岡 浩** (姓氏研究家)『47都道府県・高校野球百科』(2021)

【やきもの】 **神崎宣武** (民俗学者)『47都道府県・やきもの百科』(2021)

Ⅳ 風景の文化編

【地名由来】 **谷川彰英** (筑波大学名誉教授)『47都道府県・地名由来百科』(2015)

【商店街】 **河合保生** (ノートルダム清心女子大学文学部教授) / 正木久仁・杉山伸一編著『47都道府県・商店街百科』(2019)

【花風景】 **西田正憲** (奈良県立大学名誉教授)『47都道府県・花風景百科』(2019)

【公園 / 庭園】 **西田正憲** (奈良県立大学名誉教授)・**飛田範夫** (庭園史研究家)・**井原 縁** (奈良県立大学地域創造学部教授)・**黒田乃生** (筑波大学芸術系教授)『47都道府県・公園 / 庭園百科』(2017)

【温　泉】 **山村順次** (元城西国際大学観光学部教授)『47都道府県・温泉百科』(2015)

索　　引

さ　行

た　行

47都道府県ご当地文化百科・鳥取県

令和6年10月30日　発　行

編　者　丸　善　出　版

発行者　池　田　和　博

発行所　丸善出版株式会社

〒101-0051 東京都千代田区神田神保町二丁目17番
編集：電話(03)3512-3264／FAX(03)3512-3272
営業：電話(03)3512-3256／FAX(03)3512-3270
https://www.maruzen-publishing.co.jp

組版印刷・富士美術印刷株式会社／製本・株式会社 松岳社

ISBN 978-4-621-30954-4　C 0525　Printed in Japan

【好評既刊◉47都道府県百科シリーズ】
（定価：本体価格3800～4400円＋税）